ちくま文庫

忘却の整理学

外山滋比古

JN089595

筑摩書房

忘却の整理学

目次

III

まえがき

忘れてもよい。忘れっぽくても、よい頭はよい頭である。それどころか、新しいことを考えるには忘却の助けが必要である。

そう思いついて、世の中の見え方が変ったような気がした。

どうしてこんなに記憶が弱いのか、覚えたつもりのことをすぐ忘れてしまう忘却コンプレックスから脱出することができた。忘れることはいけないことと決めてかかっていたのはとんでもない勘違いだったと反省、忘却に対して詫びたいような気持ちであった。

思えば、こどものころから、忘れてはいけない、忘れてはいけないとしつけられていた。忘れものをすれば叱られるし、覚えたことを忘れると試験の点を引かれる。試験はどれだけ記憶しているか、逆に言えば、どれだけ忘れたかを調べるために行なわれる。記憶のいいのは優等生になり、頭がいいとされる。忘れることの多いのは、頭が悪いからであるようにこども心にも刻み込まれた。

それを間違いだという人もまわりにはいない。ほとんどの人が記憶力のよさを羨望しているようである。忘却を何か欠陥のようにさえ思うのが普通であった。それは誤解であって忘却は長い間、不当に悪者扱いをうけてきたのに、その冤をすすごうとする試みすらなかったのは、不思議である。

私自身、よくものを忘れ、覚えたことを忘れて失敗ばかりしていたから、当然、忘却をうとましく思っていた。記憶力優秀な人がどんどんりっぱな仕事をなしとげるのをわれ及びがたしと眺めるほかなかった。知的能力の足りないのも、何でも忘れてしまう頭のせいにしていた。

転機は思いもかけないところにあった。

大学で卒業論文を書く学生はだれしも苦労するが、日ごろよく勉強して知識も豊富な、優秀だと見られている人が意外に混乱し、テーマが決められない一方、普段はあまり勤勉でなく、本なども読み方の足りない学生が、もちろんすべてではないが、しばしば、驚くようなおもしろいテーマをつかむのである。少なくともオリジナルなテーマを見つけるには記憶型人間より自由な考えのできる頭の方がすぐれているのではないか。傍観者としてそう考えた。これが忘却肯定のきっかけである。

どうして知識が独自の思考に結びつかないのか。両者の間に、忘却を考えないと、説明がつかない。知識をいったんかなりの部分、忘れたあとで、もとの知識から離れてオリジナルな思考の生まれる余地が生じる。忘却がないと、知識は途方にくれる。知識は利用されることを待っているのであって、それだけで、思考、創造をおこす力をもっていない、むしろ、そのままでは自由な思考の妨げになるおそれは十分である。

そんなことをあれこれ考えていて、忘却論に思い及んだ。記憶と表裏をなす忘却があるという考えである。ナマの知識は使いものにならない。忘却をくぐらせて枯れた知識のみが新しい知見を生み出す。大工は生木で家を建てない。

忘却のアポロギア、弁明を思い立ったのは数年前のことだが、どうして、忘却がこれほど長い間、きらわれ、怖れられ、貶められてきたのか。忘却を称えたことばはないものかとそれとなく心がけてきたが、日本には見当らない。おしなべて忘却性悪説である。それに引きかえ、ヨーロッパには忘却を肯定した名言名句の類いがいくつもあるのがおもしろかった。そのうちの三つだけを挙げておく。

博引旁証の記憶はすばらしい。ただ、忘れることのできる能力こそ大器の証《あかし》である。（エルバート・ハッバード）

知ることを、ときに忘れることこそ緊要である。（イギリスの古諺）

思い出は人生の彩りであるが、忘却があってこそ人生は生きるにたえられるものになる。（エンリコ・クラルドニ）

この本で考える忘却はこれらに比べて、より人間的、もっと根源的な心のはたらきに焦点をあてようとしている。

ことにコンピューターが異常なほどの発達をとげて人間の記憶力の価値を

暴落させている。知識人ほどその衝撃をつよく受けているはずである。コンピューターを念頭において人間の知的活動を考えたならば、創造的思考がもっとも人間らしい活動であることは明らかになるはずで、その独創の土壌になるのが忘却である……そういう考えのもとに、この本に収められた諸エッセイは書かれている。

忘却論ではなく、忘却をめぐるエッセイを集めたもので、一篇一篇は、ほぼ独立している。どこから読まれようとご自由である。

I

忘却とは……

忘却とは忘れさることなり

一般に忘却ということばがよく使われるようになったのは戦後になってからである。それまで、忘却のことを「忘れる」、と言っていた。忘却という堅苦しいことばが親しまれる(?)ようになったのは、ラジオ・ドラマのおかげである。

昭和二十七年四月からNHKは連続ラジオ・ドラマ「君の名は」を始めた。毎週木曜夜八時半スタートのこの放送は空前のヒットとなり、その放送時間になると、銭湯の女湯は空っぽになるといわれたほど、ことに女性の間で熱狂的ファンが生まれる。

数年後には全国の小学校に「真知子」という児童が目立つようになる。ドラマのヒロイン氏家真知子にあやかって命名されたのである。

この連続ドラマは、毎回、

「忘却とは忘れ去ることなり。忘れ得ずして忘却を誓う心の悲しさよ」

で始まり、この文句は誰れ知らぬものもないほど人口に膾炙《かいしゃ》するようになった。そんなこともあって、もともと冷い感じの忘却ということばになにがしかのロマンティックな響きが添うようになった。ただし、忘却とはどういう意味であるかと考える人がふえたわけではない。辞書では、

「忘れ去ること。すっかり忘れること」

としている。だいいち、こんなことばを辞書で調べようとするのは普通ではないから、言いかえでお茶をにごしている辞書を難ずるのは当らない。忘却などということなど考えたくもない。それこそ忘れていたい、というのが、むしろ正常なのかもしれない。

実際、小さいときから、忘れるのはよくないこと、困ったことだと思い込まされている。学校で勉強したことはよく覚えておけ、忘れてはいけない。覚えているかどう

か確めるために、忘れたころに試験をする。忘れて間違うと減点という罰を受けるから、いつとはなしに、忘れることをオゾマシキ厄介者のように思って大きくなる。忘れないで、よく覚えて記憶力のよいのは〝頭がいい〟とされ、逆に、忘れっぽいのは〝頭が悪い〟ときめつけられる。忘却は貧乏神以上におそろしい。少なくとも、成績不振のもと、悪いのは忘れる頭である、ときめつけるのである。忘却からすれば、とんだ濡れ衣である。世間は大きな誤解をしていることに気づかない。文化が発展、学問・技術の進歩と発達の目ざましい現代においてなお、年来の勘違いを是正するに至っていない。不思議なくらいである。

忘却は困ったことではない。それどころか記憶と同じくらいに大切な心的活動である。両者は、対立関係にあるのではなくて、セットとして、共同のはたらきをしていると考えるべきである。忘却がなくては記憶が存在しないし、忘却がなくては記憶はその力を発揮できない。車の両輪のようなものだ、ということもできるが、呼吸のようなものだと考えた方が妥当であろう。

呼吸と記憶・忘却

呼吸も吸うか吐くかだけではその役割を有効に果すことができない。空気を吸って、その空気をまた吐く。それが呼吸のように思っている人がきわめて多く、体操の深呼吸でも、まず深く息を吸って……と号令する。順序が逆である。まずぎりぎりまで息を吐いて、そのあと新しく空気を吸い込む。それが呼吸で、現に呼（はく）が先になっている。呼吸ということばをこしらえた人はよく考えていたのである。

それはさておき、記憶と忘却の関係は呼吸によく似ているということを言いかけたところである。呼と吸が別々のはたらきではなく、反対の作用でありながら互いを助け合っている。その点が、記憶と忘却に通じるのである。記憶だけでは本当の記憶にならず、忘却という反対の作用によって記憶が深まり、活発になる。一方を切りはなして単独に考えるのは正しくない。忘却あっての記憶であり、記憶あっての忘却である。

もうひとつ、呼吸と記憶・忘却を通じて見落されてはならないのが、順序である。

呼吸において息を吐くのが先、吸うのは後であると同じように、まず先行すべきものは忘却であり、記憶が続くという順序を認める必要がある。息を吐くのが吸うより先だ、と言うと、吸わないと、吐く息、空気がないではないかと反論する人がいる。誤っている。まず吐いて、残っているよくない空気を全部出してしまってから、きれいな空気を存分に吸い込む。これが深呼吸である。吸い込むのを先行させれば、肺臓によごれた空気が残ってしまう。充分な換気にならない。

それと同じで、忘却が先行する。そうあるべきである。記憶の前に忘れられるか、何を忘れるのかなどというのは、考えが足りない。忘却によって、乱雑になっている頭の中をきれいに掃除する。ゴミのようなものがあったら捨てる。それが忘却である。

忘却によって整理され、きれいになった頭で新しい知識、情報などを取り入れる、それで記憶がはたらくのである。混乱し、不要なものでいっぱいになった頭では記憶は充分にその能力を発揮することが難しい。忘却に露払いしてもらわないと、記憶ははたらきにくいというわけである。

忘却の取捨選択

もうひとつ、忘却についての常識に誤っていることがある。なにかというと、忘却とはやみくもに、すべてを忘れてしまうことのように考えていることである。「君の名は」の冒頭の名文句、「忘却とは忘れ去ることなり」も、忘却を、〝忘れ去る〟すなわち、あとかたもなく、全部忘れてしまうのを暗示している。それはむしろ病的な忘却である。正統の忘却は決して百パーセントの忘失ではない。忘れるところと、記憶のままを残す部分とを区別する。その区別、分別《ぶんべつ》、取捨をほとんど無意識のうちに行なっているのはおどろくべきである。

取捨の判断は、その人間の、深層化している価値観、好悪、利害、快不快などのつくり上げているネットワークを通すことで暗々裡に行なわれる。きわめて個人的、個性的で、忘れ方は人によってみな違う。

知識の記憶はそういう個性化作用を受けないから、完全な記憶は没個性的である。だれもが同じように記憶できる。試験で百点満点の答案は、何人あっても同じ答えをしている。ところが、忘却作用がはたらいて、欠損部分がある答案は、十人十色、それぞれのところで間違っている。同じ八十五点の答案がいくつあっても、それぞれ異なったところで、間違っている。まったく同じところで、同じように間違えている答案があれば、カンニングを疑ってよい。それほど、忘却では個人差がはっきりしている。

知識の記憶のみによって、個性を育むことはできない。知識も記憶も、そのままでは没個性的であり、超個性的である。忘却はひとりひとり独自の忘れ方をする点で、個性的である。没個性的な知識を習得することを通じて個性が生まれるのは、つまり忘却の作用によるのである。個性の尊重がやかましく言われるようになったのにもかかわらず、個性の源泉が忘却にあることを知らずにいるのは、いかにものんきである。

コンピューターは記憶の巨人である。単純記憶において、コンピューターにまさる人間は存在しないと言ってよい。完全に大量の情報を記憶し、それを操作、処理する能力をもっている。完全記憶を実現しているが、個性がない。忘却ということを知らないからである。記憶だけなら人間はコンピューターにかなわないが、忘却と記憶のセットで考えれば、人間はコンピューターのできないことをなしとげる。この点からすれば、忘却は新しい役割を認められなくてはならないことになり、これまでの忘却観は一変しなくてはならないはずである。忘却が個性化をすすめ、創造的はたらきの基盤であるのに目を向けないのは知的怠慢である。

忘却は力である。忘却力は破壊的ではなく、記憶力を支えて創造的はたらきをもっている。

選択的記憶と選択的忘却

記憶と鳩小屋

忘却は歴史的に長い間、無視されてきた。現在もなお困ったことに悪者扱いは続いている。心理学者でも、ヘルマン・エビングハウス（一八五〇―一九〇九）の忘却曲線は有名であるが、いまはもう古い、というだけで、新しい研究のおこる気配は、少なくとも部外のものには、感じられない。

古くから、記憶は注目され、その本質に迫るのは重要な問題とされてきたのに、忘却はその陰にかくれて、表立って考察されることもなかったようである。

哲学においても、ギリシャのプラトンは、記憶に興味をもっていたらしく、記憶を鳩小屋に譬えている。プラトンは、「心を鳩小屋と考え、さまざまな鳥をとらえてその小屋に入れることを記憶とし、鳩小屋の鳥をとらえることを想起とした」（細川亮一、「日本大百科全書」）。

この比喩には、忘却はまったく姿を見せない。捕えられた鳥は、いつまでも同じ鳥であると考えたわけではあるまいが、この譬えでは、記憶を変える忘却はまったく考えられていないように見られる。

実は、プラトンは、記憶について、もうひとつの比喩を考えた。それによると、人間は心のうちに蠟板のようなものがあるとして、経験がその蠟に刻印されるのを記憶、刻印されなかったり消えたりした場合を忘却、と考えた。

蠟に刻まれたものは、時の経つにつれてすこしずつ消え、やがてほとんどあとかたもなくなる。それを記憶と忘却の比喩としたのである。忘却がとり上げられているのは忘却の名誉のためにも喜ばしいが、なお、不充分である。たしかに蠟に書かれ刻まれたものは、時とともに消失するが、記憶の忘却とはパラレルにいかない。蠟につけられた刻印は一様にうすれて消えていくが、忘却はまだらであって、画一的ではなく、選択的忘却ともいうべきものである。プラトンはそれを見過ごしている。

もうひとつテンポも問題である。蠟文字はゆっくり消えていくけれども人間の忘却ははじめ急速、やがて、ゆっくり消えるのである。

記録したものが失われていくのを譬えるなら、紙片にインクで文字を書いて、流れる水の中に浸すという比喩の方が、すこし妥当性が高い。流れる水とは時間である。書かれたインクの文字は、時がたつにつれてうすくなり、やがてはほとんど消えてしまうが、はじめのうちの消失がことに大きいことを示すことができる。しかし、選択的忘却は、この比喩でもうまく説明できない。

人間にとって、記憶と忘却は、車の両輪のようなものだと前述した。一方だけでは精神は活動できない。それなのに、古来、記憶のみ重視して、忘れることをないがしろにしてきたのは不思議である。

その記憶にしても、すべての入ってくる情報を一様に、万遍なくインプットしているのではないように思われる。つよく印象づけられた部分もあれば、当然のこととして、さほどはっきりしない印象として受け入れられた部分もあって、まだら模様である。それを一様の記憶と見るは不正確な内省にもとづく誤解であるように思われる。

関心の中心、注目の焦点はつよく細かく記憶されるのに対して、周辺部はぼんやりとしか知覚されず、したがって印象も稀薄であるにちがいない。ひどいのになると、ある部分がすっぽり脱落ということも考えられる。記憶の視野に、個人差のある盲点がいくつもあるように考えられる。

あるがままを記憶する、全記憶などというのは生身の人間には考えられないこと。かならず、興味、関心、コンプレックス、欲望などが複雑に入り組んだネットがあり、それを通して、記憶されるのであるから、完全・十全の記憶は考えることもできない。同じ光景を忠実に再現したと思われる記録を比べてみると、見た人の個人的特色というものによって、十人十色に異なる。同じ光景を見ているようで、実は、各人各様に見、めいめい違った記憶をしている。それにもとづいた記録、表現がもし一致符合したらそれこそ異常である。

われわれは、完全記憶というものを人間にあてはめるのは誤りである、と考える必要があるように思われる。部分的記憶、歪みを内蔵した記憶、選択的記憶が、正常な記憶であるということになる。人間の記憶の特質もまさに、その選択的記憶という点にあることを昔の人はともかく、現代の人間は見落してはならない。

別な言い方をすれば、人間の記憶は、生理的・心理的であって物理的ではないということである。それがはっきりするのはコンピューターが出現してからである。コンピューターは記憶する機械として人間の能力をはるかに超越するが、量的問題ではなく、質的に人間とコンピューターはまったく別々の記憶をする。

コンピューターの記憶

人間の記憶は、生理・心理的であるのに、コンピューターは物理的記憶である。人間の記憶は忘却にさらされるが、コンピューターは、機械という物体が存在し、電気というエネルギーが存在する限り、消滅したりすることはない。忘却はおきない。いわんや選択的忘却などはじめから問題にならない。百パーセントの記憶が可能なばかりでなく、それ以外の記憶はおきない。完全記憶で、そしていったん記憶されたものは物理的条件が激変しない限り忘却されることはありえない。選択的記憶・忘却は、こうしてみると、きわめて人間的性格のつよい心的作用であることがわかる。

人間の記憶は選択的であり、個人差が大きく影響するが、それ以上に、忘却は個人差が大きいと考えられる。したがって、コンピューターとの違いも、記憶よりいっそう顕著でなくてはならない。忘却は個人の心理的歴史を反映しているから、何が忘却されるかでその人間の精神構造を知ることができるはずである。

これまで、忘却は悪者扱いされてきたから、人間のもっとも深い個性と結びついているといったことを真剣に考える人もなかったであろうが、超個性的機械的記憶万能のコンピューターがあらわれたのだから、新しい目で見る必要がある。

近年は、ことに高齢者のもの忘れがネガティヴな見方をされることもあって、忘却がこれまで以上に負の心的現象と見る向きがふえている。そしてそういう忘却恐怖症ともいうべきものは、昔から、学習者に広く潜在していた忘却恐怖症と奇妙に結びついて忘却のイメージをいっそう悪くする。

それが間接的に作用して、〝忘却不全症〟がおこり、いろいろな好ましくない行動をおこしたりする。神経症といわれるものの多くに、忘却不全がかかわっていることは充分、予想されるところである。

比喩は適当でないが、忘却はゴミ出しに似ている。かつての、物資が不足気味な社会においては、ゴミはたいした量ではない。自然に近い形で処理されていた。ところが、モノが豊かになり、近代的都市生活をするようになると自然のゴミ処理では間に合わなくなって、ゴミの収集、処分が社会的事業になる。昔は、ゴミの処分に頭をなやますのは限られた一部の人であったのが、いまはほとんどすべての人が多少とも頭をなやますことになった。

情報、知識というものが、モノと同じようにふえたかどうかは別として、かつては知識があふれて困るというような人は例外的であったと思われる。普通であれば、とくになにもしないでも、余計な、あふれた知識、記憶は生活の中で、ほとんど意識されずに、自然に処分されていた。つまり自然忘却で、支障はなかった。それが、知識・情報社会と言われるようになると、自然忘却だけでは、ゴミがあふれることになりかねない。記憶を意図的に廃棄しないと、頭がゴミで埋まってはたらかなくなる怖れが現実的になってくる。

忘却を積極的に評価する考え方は、現代においては不可欠である。気づいているのに具体的な努力をしないのは怠慢と言っても不当ではなかろう。

選択的忘却は健全な精神にとって、記憶よりもはるかに重要である、と言ってもよい。

ギリシャの昔から、日陰もののように身をひそめていた忘却。いまこそ、スポットライトを浴びて登場すべきヒーローであると言ってもよい。

忘却は内助の功

失敗の経験

学校が教えてくれないことで覚えることは少なくないが、もっとも目立つのは自転車に乗れるようになることだろう。

はじめはだれだってまったく乗れない。どうして乗れるようになるのか、教えるものもわかってはいない。ただ、転んだり、倒れたりしているうちに、いつとはなしに乗りこなせるようになる。そういう経験のある大人が〝先生〟になってこどもに教える。

こどもにとって、親はやっぱりえらいのだと思うのは、こういう技を教えてもらうときである。そして言われるようにしていれば、かならずうまくいくようになるというのは、学習の原理にふれる啓示のようなものである。たかが自転車乗り、とは言っていられない。文化の伝承なのである。

水泳なども、親に教わる方がよい。専門家のような指導はできないが、そこがかえって親子の絆を強めるようすがになる。はじめて泳げるようになったときのこどもの顔は美しい。教え、教えられるというのはもっとも親密なコミュニケーションである。親はそれを他人に譲ってはいけない。

そうは言っても、はじめてこどもに自転車の乗り方を教えるのはりっぱな教育であるから、当然、ノウハウが必要である。自分が乗れるようになったときを思い出しても、役に立たない。役に立たないわけである。肝心なところは、スッポリ忘れていて、いつの間にか乗れるようになっていたからである。

このスッポリ忘れる、というところに、忘却の出番がある。

ペダルに足をのせて、体重をかけると、たいてい横転する。もう一度繰り返す。やはりひっくりかえるけれども、はじめてのときより転び方がすこしばかりうまくなっている。三度目を試みると、さらに転び方が小さく、おだやかになる。こどもの器用さにもよるが、十遍くらい試みていると、ペダルに足をのせ、それに体重をかけても、すぐ倒れることはなくなる。

どうして、進歩するのか。

頭はうまくいったところだけを記憶して、失敗やうまくいかなかったことは忘れてしまう。成功したところだけを記憶し、失敗したことは、その都度、頭から消えて残らないようにする。成功だけを記憶にのこして次のトライをする。また、まずいところは忘れ、うまくいったところを覚える。これを繰り返していると、成功したところの部分がだんだん大きくなって、失敗が消失するから、やがて成功するようになる。自転車に乗れるようになるまでには、複雑な工程がある。いくつもの段階、局面において《成功を記憶、失敗を忘失》を重ねていると、全体としてうまく出来るようになる。

普通、「覚える」というように、記憶のことばかり考えて、そのおかげで、ものごとができるようになると考えているが、忘却の作用を見落してはならないのである。陰で成功を支えていると言ってもよい。

記憶はなにもかもすべて覚えようとする。それに対して、忘却は、成功したところ、よいところだけをのこし、よくないところ、失敗したことが、後に尾をひいて繰り返されないように、取り払ってくれるのである。

もし、失敗した経験がいつまでも生きていれば、何度も同じミスを繰り返すことになって進歩は望めない。

よいところだけ残し、悪いところは廃棄してしまう忘却は、進歩、上達、学習の重要な原則のはずである。学習においても、記憶ばかり問題にするのは適当でない。上達、進歩を支えるのは、後退、失敗の部分を除去する忘却のはたらきはきわめて大きい。これまでほとんど注目されることもなく、わけもなく、忘れるな、よく覚えておけなどと言われてきたのは不当である。実に長い間、というより、歴史のはじめからずっと、忘却は故なくして汚名を受けて泣いていたと言ってもよい。記憶が陽であれば、忘却は陰である。陰がなくては陽は陽たることができないはずである。

記憶が活動し成果をあげるには、陰の存在、忘却が不可欠である。両者が協同してはじめて健全な学習、習得ができる。忘却の内助の功を認める人がきわめて少なかったのは、人間の思考の浅さを露呈するものではなかろうか。

ほかのところでも、忘却の選択性についてのべたが、成功をのこし、不成功の部分だけを消滅させるのはまさに選択的忘却の面目躍如である。記憶が個性的でありうるのも、この忘却の選択性にかかっている。同じことを記憶しても、人によって、理解が異なることが普通であるのも、選択的忘却が、人さまざまに異なるからである。

長篇読者と短篇読者

かりに、難解な本を読むとする。もちろん一度でわかるはずがない。繰り返して読む。そのたびに、わからない部分が忘れられ、わかる部分が多くなる。やがてはわからない部分が消えて、わかったという状態になってくる。読書百遍意おのずから通ず、というわけである。この過程は、自転車に乗れるようになるまでの練習に通じるところがあるが、それは両者に共通して忘却のはたらきがあるからだと考えられる。いつまでもわからない部分が残っていては、何度読んでも、理解が進むということはあり得ない。そう考えると、忘却あっての理解であり記憶であるということがおぼろ気にわかってくる。

同じ本を読むにしても、短篇と長篇・大作とでは、読後感に大きな違いがあるが、一般の読者はそういうことには無関心であることが多い。長篇好きの人は、短篇を好まず、短篇の読者は長篇に退屈する。その違いは、忘却力の差に根ざしているように思われる。

短篇は一気に読める。時間もかからないから、時間とともに作用する忘却は、はっきりした出番がない。読み始めの部分の記憶が生々しいうちに終末が来る。読者の受ける印象は絵画的である。時間の要素に乏しい。したがって忘却の立ち入る余地も少ない。

長篇は、すこしずつ読み継がれていく、何日がかりである。途中でしばらく中断することもあるだろう。後半になると初めの方のことが、時間のスクリーンを隔ててかすかに響いていて、その重層的印象は、音楽的であるとしてよいだろう。その音楽性を支えるのが記憶であり、それを美化するのも忘却である。記憶と忘却の交錯したところで心象のメロディが生まれる。読者はそれに酔うのである。休み休み読むということは、意外に、おもしろい読み方なのである。それに支えられて長篇作品はつよい感銘を与えることができるのだと想像される。

中年以後の人間にとって、自分のそれまで歩んできた道は、長篇記録物語のような趣きをもっていることが少なくない。ごく初めのところは長い間にわたり、忘却の波に洗われて、混沌の状態になっているが、なお、後続の歳月に大きな影を投げかけている。幼いころのことはおしなべて追憶、つまり忘却をくぐり抜けてきた残影で、甘美なメルヘンの世界となっていることが多い。不幸も失意も、適当に化粧されているかのようである。忘却のトリックだとしてもよかろう。年を経ていないことは充分、洗練されていない、忘却不足の過去であって、うとましいことはうとましい姿を留めているから、目をそらして、忘却のかなたの幼少のころの懐旧の情に身を委ねたいと考える。

自分史などを書く人は、忘却のはたらきを知らずに、よく覚えている近年のことを主として再生しようとして失敗する。忘却によってごく自然に美化される過去がないのでは、自分の歴史がおもしろくなるわけがない。幼いときの物語が、作家の最良の作品であることが少なくないけれども、もっとも忘却に援けられているからおのずからの叙情性が湧出する。

文章を書きなれない人が自分のことを書くならば、幼いときの話に限る。それなら、その人の人となりがもっとよく出る。忘却は、選択的であるから、個性的にならざるを得ない。

古い友人が新しい付き合いよりも味わいが深いのは、時間がかかっているからで、つまり忘却によって美化されているのである。

ふるさとは遠きにありて思ふもの
そして悲しくうたふもの
よしや
うらぶれて異土の乞食《かたゐ》となるとても
帰るところにあるまじや
ひとり都のゆふぐれに
ふるさとおもひ涙《なみだ》ぐむ
そのこころもて
遠きみやこにかへらばや
遠きみやこにかへらばや

――室生犀星「小景異情」

有名なこの詩は、ふるさとが《忘れてふるさとになった》ということを忘れている。ふるさとは、遠くにあるものにとって存在する。近づけば、ふるさとはなくなってぃる。遠くにあって、かつてのことを思いかえしてみるところにこそふるさとはある。帰りたくて帰れば、すでにふるさとは消えているのだ。すぎ去った過去に属するから〝ふる〟里なのである。ふるさとを、なつかしく、美しきところとするのは、記憶と忘却の合力である。とりわけ、美しくしているのは忘却の心である。ふるさとは近づいてはいけないのである。

忘却のかなたにあるものは、おしなべて哀切で美しい。それを本ものと勘違いしてはならない。遠い昔なら近づくことも出来ないから安全であるが、ふるさとは行こうと思えば行けるから危ない。帰れば、とたんにふるさとではなくなる。ふるさとは忘失のかなたの幻である。

こういうことすらはっきりしなくなっている。それほどに忘却は忘れられている。

記憶の変化・変貌

同窓会でのできごと

ある英文学の教師の話。

その人は大学で三十年、毎年、英文学史の講義をした。古い時代から現代まで、文学の通史を教えるのは、たいへんな難業である。たいていは、参考になる文学史によって大まかな流れをたどることになるが、この先生は良心的で、なるべく作品を直接読んでその解説をすることにしていた。おのずから得意な作家・作品と、そうでないのが出来る。

好きな作品は、小説やドラマなら、筋を話すことにしていた。学生にも好評で、毎年、そういう作品をふやすように心がけていたという。

退職して、講義から解放されたこの教師は毎年、筋だけ紹介してきた作品を読み直すことを思い立ち、暇にまかせて読んだ。そしておどろくべきことを発見する。

愛読作品を読みかえしてみたら、これまで学生に話したことが、間違っているところが少なくない。もっともおどろいたのは、筋を間違えて記憶していることが判明したことである。いつのまにか勝手に別作品をつくり上げ、そうとは思わずに、教室でしゃべっていたのである。

どうして、変化したのか、わからない。しかし、実際に、もとのものを変形、歪曲している。記憶が化けるのか。この人は不思議に思った。

記憶はそのまま古くなるのではない。

忘却によって風化する。

短い期間では、この変化ははっきりした形にならないが、長い期間のうちに、大きな変形をおこす。記憶自体が変化するのではなく、忘却の削り落しによって、記憶の形が変っていくように考えられる。

長年勤めた企業を停年退職した人が、それまで出たくても出られなかった母校の同窓会に出た。旧友が見ちがえるばかり変貌、名を言われても思い出すことができない。戸惑っていると、相手がその人のことをよく覚えていて、エピソードを話すのである。すこし自信がゆらぐ。自分は、こんなにもの覚えがよくないのか。少なくともこの人より記憶力が弱い、と考えたりする。

もっとも別な旧友と話してみると、相手の忘れたことを、こちらが覚えていて、意をつよくする。自分だって、覚えていることは覚えているのだ……。

この退職者がいちばんおどろいたのは、人間の変化ではなく、自然の風景だった。駅から学校までの道は、たしか、もっと幅が広くえんえんとのびていたはずである。実際に目の前の道は、いわば細道で、すこし歩いたと思うとすぐ学校に着いてしまった。こんなに近かったのか。どうして、それをずっと遠くのように思っていたのだろうか。

何十年ぶりに見る母校もいかにも、寒々しくちっぽけである。改築はしていないのだから昔のままの姿のはずであるが、久々の来訪者には、幻滅に近い気持ちを与えた。運動場だって、向うの端は、すこしかすんで見えるくらい広々としていた。いま見るとほんの小さなグラウンドでしかない。

あるワケ知りの人が、こんな解説をした。

こどものとき大きく見えたのは、こどもの視線が低かったからである。大人の視線では小さくなってもおかしくない、と言う。こどもといっても中学生である。身長だって大人とそう変らない。広々とした運動場が、ちょっとした広場のように変っていることの説明にはならない。やはり、記憶が忘却と力を合わせて、原像を改変していたのだと解すべきであろう。その変化は、肉眼の問題ではなく、心眼の現象である。たいていの人が、記憶した原像を時の経過にともなう忘却によって、美化、拡大するものののようである。現状は追憶の中のイメージよりつねに劣っている、ということがおこる。

「ふるさとは遠きにありて思ふもの」というのは、イメージを実地とぶつけ合ってはいけない、イメージは美しいが、実物はそれほど美しくない、幻滅がおこる、思い出のところへは行かない方がよいということである。なつかしさは、イメージから生ずる感傷であって、現実に根ざしてはいないことを、人は多くの場合知らないから、幻滅の悲哀を繰り返さなくてはならない。

こどもにとっては、二つか三つちがいの年上の友人がひどく大人に見えるものである。長い間会わないでいると、こどもの頃のイメージが残っているので、回想の中の友人もだんだん大きくなっていき、年齢差はむしろ拡大される。ところが何十年ぶりに会ったりすると、相手はずっと大人であると思っていたのに、自分とほぼ同じ年齢であるのを発見して不思議な気がする。記憶が変化し、忘却が旧記憶を廃棄しているためにこういうことになる。

亡くなった親の年齢に達した子にとって、親がいまの自分の年までしか、この世に生きていなかったということを実感するのは、ちょっとしたおどろきである。

親は亡くなったあとも子の心の中では年をとりつづけ、子との年齢差を保っているように何となく思っている。

亡くなった親の年を、忘却が消すと、そのあとに記憶がよみがえって、新しく年をとったイメージをつくる。それを忘れると、また思い出の記憶が、新しく年をとったイメージをこしらえる。こうして、年々歳々、亡くなった親は子の脳裡で年をとり生きつづけることができる。

幻の超名画

芥川龍之介に「秋山図《しゅうざんず》」という短篇がある。名画「秋山図」をたった一度だけ見ることを許されたことのある煙客翁《えんかくおう》という人が、何とかしてこの名宝を譲り受けようと手をつくすが、成功しない。せめて、もう一度見せてもらいたいと懇願するが、それも許されない。やがて五十年の歳月が流れる。秋山図も持主が代わって、翁はついに年来の宿願がかなって、再び秋山図を見る機会にめぐまれる。この日初めてこの名画を見た相客は、口をきわめてこの画をほめ讃えたが、当の煙客翁は憮然として、「まるで万事が夢のようです。事によるとあの張家の主人〔旧所蔵主〕は、狐仙か何かだったかもしれません」と言うのである。――幻の名画に比べて、目の前にある名画はあまりにも違うという幻滅である。

一度しか見られなかった秋山図は、煙客翁の脳裡で思い出すたびに微妙に変化する。見たいのに見られないから、いよいよ、思いは深まる。そして知らず知らずのうちに、幻の超名画をこしらえ上げていたのである。忘れられないために、いよいよ名画を崇高なものにしていたのである。それは実物をはるかにしのぐ名作である。それが、実物とは大きくかけはなれていることを、もちろん当の翁は知らない。だから、再見して深い衝撃を受けなくてはならなかった。

記憶が忘失という出口を封じられ内攻・内向して新しいイメージを作り上げるのであろう。変形記憶と言ってよいが、記憶のみによって生じるものではなく、忘却との協調によって創り出された虚像である。半分、夢だとしてもよい。夜、寝ている間に見る夢は、ここの幻滅の延長線上にあるものと仮定することも可能である。

いわば白昼夢とも言うべき、思い出の世界では、われわれの頭には対象を美化、拡大、増強する傾向が顕著であるのに対して、本当の夢には、ときとして醜悪化の作用がはたらいていると見られるものが残っている。忘却がプラスにはたらくのに対して、記憶は、それを抑制するマイナスの作用をもっているのかもしれない。いずれにしても夢は、記憶と忘却のせめぎ合いと合力によって生まれるもののようである。

記憶はありのまま年をとることができない。年とともに変化、変貌する。その時の作用が忘却である。つまり、記憶は年をとると、忘却によって変化し、多くのものは早々と消滅する。コンピューターが年をとることができないのは、忘れる能力がないからである。人間の頭は、インプットを風化させるアウトプットのはたらきを併せ有しているから、思い出が生まれ、歴史をつくることができる。忘却の力は大きい。機械と人間の知的情報処理における違いは、一方にある忘却の機能が他方にないことに極まるということであろう。

入れたら出す

知的便秘がふえている？

人間は毎日、三度食事をする。いろいろなものを食べる。適当、充分な食べものを食べないと健康を害する。多すぎず少なすぎず、適度の摂取をしなくてはならない。それがなかなかうまくいかず、体調を崩す人が少なくない。

食べたものは、いったん胃の中へ入って、しかるべく消化、分解、腸へ送られて、栄養分が吸収され、その残滓は体外へ排泄されるようになっている。このうちのどれか一つでも順当にはたらかないと病気のもとになるらしい。

ふつう忘れがちだが、最後の排泄が意外に大きな意味をもっている。快食、快便、快眠が健康の条件だと言われるが、快便はさほど重く見られていない。現代人には便秘がふえているという。とりわけ都市部の小学生に便秘がちの子が多いというのは注目に値いする。どこか、象徴的ですらある。

というのも、いまのこどもに、知的便秘がふえているのではないかと思われるからである。

昔のこどもは、いまほど栄養価の高いものを食べなかったが、その割には活動的で、食べたものもよく消化、吸収し、快便が普通であった。ところが、いまは、食べるものは豊かになったのに、カロリーを消費する体の動きが少なくなり、排泄が円滑にすまなくなる、というわけである。

勉強についても、かつての小学生はのんびりしていた。田舎の子は、うちに、教科書以外、本らしいものもない。新聞などとっていない家の方が多く、とっているうちでも、こどもが新聞を見るのを喜ばなかった。「結婚ってどういうこと」と聞いて、親に叱られた子もいる。彼女というのは日本語ではないと思っていた子は、中学の英語で、第三人称女性のことを彼女というのだと知って顔を赤くした。とにかく知識は少なかった。

そのころならなんでも片っ端から頭にいれてもたいしたことはない。遊びまわってどんどん忘れる。妙に蓄積するということはない。頭はいつもきれいに空っぽのことが多い。知的糞づまり、といったことのおこるわけがない。

知識は多ければ多いほど、記憶力もよければよいほどよい。まかり間違っても、知的糞づまりになるような心配はなかったからである。

情報過多の時代の問題点

いまは違う。各種情報が渦巻いている。知識は本や印刷物から得るものばかりではない。テレビ、ラジオ、電話、このごろはケータイというおそるべき通信方法があらわれて、いっそう忙しくなった。情報ではないが、騒音がある。人ごみがひどい。人間はめいめいの目に見えず、耳にもきこえないリズム電波のようなものを発散している。近づけばその波動にふれる。人ごみの中にいると、あとでひどく疲れるのは、人いきれ、人の気配という情報をおびただしく浴びるためである。

意識はしなくても、そういうものも、頭の中、心の中に刻み込まれ、蓄えられる。さっさと消化、消却しないと不快な満腹、ひいては便秘、腸閉塞といったことに近い知的心理状態に陥るおそれが充分ある。

入ってくるもの、インプレッション（impression）が激増したのだから、それに見合う排出能力、エクスプレッション（expression）力がないと閉塞状況を招き、由々しきことになる。メンタルな異常がこのインプレッションの増大に見合うエクスプレッション能力の不足に起因していることが少なくない。

そうかといって、排出力、エクスプレッション力を急に増強するわけにもいかない。とり入れるインプレッションに、エクスプレッションが追いつかなくなる。〝忘却不全症〟である。

エクスプレッション、排出、排泄にとって主要なはたらきをするのが忘却である。大いに忘却に活動してもらわなくてはならない。もともと、人間にとって忘却は死活にかかわる重要な機能であるだけに、普通のインプレッション、情報摂取、記憶なら、充分に処理する能力を与えられている。しかし、学習社会とか情報社会といわれるように、今はこれまでと比べて、異常なほど多くの情報、知識、刺激の摂取が行なわれるだけに、正常で自然な忘却力では処理しきれないで、ストレス化する危険がある。自然な忘却作用については、後述するが、記憶情報過多をしのぐには、特別に忘却の努力が必要であるのは、はっきりしている。

ところが、長い間にわたって、忘れてはいけない、よく覚えておけ、が合言葉のようになっていた社会であるため、にわかに忘却を促進する要があるといっても当面、どうにもすることができない。

覚えるなどの勉強をするのは結構だと是認されるけれども、忘れるにはどうしたらいいかを考えていると言えば、《気はたしかか？》と言われかねない。

しかし、《どうしたらよく忘れられるか》は、きわめて緊要な問題で、社会としてもすこしでも早くよい方法の見つかるのを望むべきであろう。まず、われわれの〝忘却性悪説〟の常識、偏見をとり除く必要がある。記憶が大切であるなら、それに劣らず、うまく忘却する力は大切であると考える。ひょっとすると、忘却は記憶以上に人間に必要な機能であるという考え方をしなくてはならないのである。

もの覚えのよい人は頭のよい人だとされ、よく忘れるのは、頭の悪い証拠のように見られる。それは忘却の名誉のためにも由々しき誤解というべきものだ、とこう考えるのが、これからの正しい認識でなくてはならない。

そうすれば、高齢者も、よく忘れる、といって歎いたり、恥じたりすることはないことがわかる。進んだ頭には、腐敗したような知識、情報の残滓がいつまでも温存されてはよろしくない。とりあえず、頭をきれいにしておこう。まず忘れることだ、というので、忘却が活躍する。ときに勇み足で、忘れては困ることまで捨ててしまうかもしれないが、おかげで、すっきり清朗でありうる。どんどん、ものを忘れていくようだったら、天行、健やかなり、めでたしめでたし、と喜ぶ雅量がほしいくらいである。

知的不活発の人は忘却力を強化せよ

猛烈な勉強をする人、超多忙、たくさんのことを頭に入れる必要のある人は、それに見合うくらいに忘却力を強化し、よく忘れられるように努力をしないと、精神の健康と活動は期待できない。さしずめ、文科系の学問や仕事をしている人にとって、忘却力の増進ができるかどうかが、成果を左右すると言ってよい。

本の虫のように勉強をした人がやがて知的不活発になり、《なんでも知っているバカ》と陰口をきかれるようになることがあるのも、入れるを知って、出すを知らないためにおこる小悲劇である。

記憶力のつよい人はうっかり《忘れることを忘れている》と、知的閉塞にやられる。そこへいくと記憶力のよわい人は、ふつうの忘却力でも安全である。忘却力絶大な人であるお年寄りは、多くのことをよく忘れるから、たくさんのことを新しく記憶しても便秘、糞詰りになるおそれはない。七十歳にして、新しく外国語の学習を始めるというのが優雅な遊びになるのである。

一般にはしかし、ものを覚え、ものを知って賢くなるように考えられている。それはその通りかもしれないが、その前に、しっかり、頭を整理しておくことを忘れてはいけない。整理とは余計なものを捨て、邪魔なものをとり除くこと——つまり忘れることである。これが、記憶のあとではなく、先行しなくてはならないというのが、この忘却論である。

これまでは記憶のよい人が大きなこと、りっぱなことをなし遂げてきた。忘れっぽい人はその陰で、小さくなっていたきらいがある。そろそろ、その歪みを逆転させてもよいのではないか。忘却はいけないもの、とする考えだけでも、早急に放棄しないといけない。もし、忘却が黙々と作用してくれなければ、われわれは、たちまち、知的に破綻を来すであろう。気の毒な例は、その気になって見れば、われわれのまわりにいくらでもあるに違いない。

知と忘は表裏一体なのではないか。

知的メタボリック症候群

摂取と消費のバランスを

昔の人の肖像を見ると恰幅のよい人が多い。つまり太った人が多い。肖像画をのこすくらいの人はぜいたくをしてうまいものを食べるが、さほど体を動かすこともないから、自然、太めになったのであろう。

そうではなくて、スリムな人もあったかもしれないが、瘠せているのは貧相である。多少、筆を曲げて、ほっそりしていた人もでっぷりした姿に描いた、ということもあったかもしれない。写真のない時代のことだから想像の域を出ないが、妥当な推測であるように思われる。

いまは、肥満が嫌われる。スリムな体型が好まれ、苦しいダイエットをして、細くなる若い女性がふえた。

医学的にも肥満はよろしくない、不健康であると言われるようになったのは、少なくとも一般に周知されるようになったのは、ほんの最近、二十世紀終りごろである。腹まわりが大きくなり内臓脂肪が多くなると、血糖値や血圧、血清脂質の数値を考慮して、メタボリック症候群という《病気でない病気》とされる。放置すると生活習慣病をひきおこすというので、改善を求められる。ある程度の食事制限、アルコール摂取の自制とならんで、運動が奨励される。

運動が必要なのは、それによって余剰な脂肪などを消費するからである。かりに摂取カロリーが多くても、運動で適正にエネルギーを消費していれば、過剰に蓄積することはなくてすむ。

生活が豊かだと、食べものが栄養分を含んでいるのに、体を動かすことが少なくなって悪い脂肪がたまるようになる。クルマの普及が運動不足に拍車をかける。メタボリック症候群は文明現象である。貧しい生活に苦しんでいる人たちは、比較的安全であるが、摂取が消費を上まわれば、普通に暮していても、メタボリックになる。ものを食べる。胃の中で消化し、腸で栄養分を吸収し適当に消費され、残滓は排泄される。もし消費されないエネルギーがあれば、当面、貯蔵され、他日の必要にそなえる。ところが、その消費が微弱だと、備蓄エネルギーが過多になるので、前病気段階になる。食べるのを節するか、消費を活発にするか、どちらかにしないと、肥満を避けることができない。

久しい間、どちらかと言えば、栄養不足、食物不充分の状態で生活してきた人間は、備蓄の能力にすぐれている。急に、カロリー過剰、消費不足という変化に出会うと、途方にくれて、不調を訴えることになる。

メタボリック症候群は、富裕な生活をするようになった人間に対して、生活改革を行なわなくてはならないという自然の警告であると考えることも可能である。

知識を捨てる？

それに似たことが、知的生活についても考えられる。つまり、〝知的メタボリック症候群〟とも言うべき状況が認められるようになってきた。これには、注意をする必要がある。

ものを知る、学ぶ、情報をとり入れる。それが頭の中で記憶されて、必要なときの活用を待つ。不要なものは適宜、忘却、排泄されるから、鬱積、過多症になることはまずない。

ところが、情報化社会になると、入ってくるデータ、知識などは、自然の消化力をオーバーして、増大、保存、滞留するようになる。これが、長期にわたると、余剰な記憶、データが、精神に悪作用をおよぼすようになる。これが、知的メタボリック症候群にほかならない。

以前にも、とくにはげしい情報のとり込み、知識の習得をして、その消化、発散、処理が不充分であると、新たな知的データを受けつけなくなり、無気力、不活発になった人たちがいた。かつてのインテリの多くが行動性に乏しく社会生活も活発でなかったのも、知的メタボリック的であったからである。ひどいのは神経衰弱などと言われた。つまり、摂取が消化を上まわっておこす活動不活発状態である。ただ、普通の人間はまず、そうはならない。

ところが、学生とか読書家は、必要に充分という目安がないから、知的データ、知識、情報などを最大限とり込もうとする。それは、活発な消費、利用、消去が伴わないと、悪玉コレステロールのように害をなすようになる。知識は力なりという、〝知識性善説〟が一般的だから、知識を捨てるなどというもったいないことは考えも及ばない。

どんどん、利用、消費、あるいは忘却によって廃棄処分していかなくてはならないのである。しかし、忘却は、知識にかかわる人たち、学生や知的職業に携わる人々にとっては〝禁句〟である。どんなことがあっても、忘れては困ると思っているから、悪玉コレステロールのような知識まで後生大事に頭の中に温存させようとする。

頭はたまったものではない。これ以上は収容不能ということを意欲喪失という形で表明する。何にも関心、興味をもてなくなる。つまり、頭へ入れようとする気持ちをなくしてしまう。一種の病気である。ところが、これを治すドクターがいない。ただ、なにもしないでぼんやりしていて、バランスの戻るのを待つしか手がない。そして知的メタボリック症候群になるというわけである。

もっとも有効な対症療法は、忘却力を高めることである。われわれは生まれながらにして、正常な生活による知識の整理、処理に必要な忘却機能にめぐまれている。だれでも忘れることはできる。よく忘れすぎて、大事なことまで忘れてしまうことさえある。それは不都合だから、忘れてはいけない、忘れるな、というのがかけ声のようになる。

賢く記憶する

とくに知識を目ざす学校教育では、記憶が、必要以上に尊重され、逆の、忘却は必要以上に悪者扱いを受ける。学校は定期的に試験して、どれだけ記憶しているか、つまりどれだけ忘れたかをチェックする。記憶力のつよいのが高得点を得るから、成績優秀、つまり頭がよい、と学校は判定する。健全な忘却力をはたらかせているものは失点が大きくなって、点数が悪く、頭が悪いときめつけられる。忘却は実に長い間、記憶のかげで泣いてきたのである。近代教育はそのことをまるで考えなかったのである。いまもなお、はっきりわかっていない。現代のかくれた病的状況である。知的メタボリック症候群を認めるなら、近代の知的病的状態を脱出する緒口になると考えられる。

われわれは、忘却性悪説から自由にならなくてはならない。記憶する能力ももちろん大切であるが、忘却はそれに劣らぬ良いはたらきをもっていることを認める必要がある。さらに、よりよく記憶し、賢く記憶するには、忘却の力を借りることが不可欠である、というところまで、踏み込んで考える必要がある。

忘却はきわめて、人間的能力である。記憶力も人間の武器であるが、コンピューターがあらわれて、百パーセントの記憶を達成してしまった。記憶秀才など顔色なしである。それに引きかえ、忘却は人間にしか出来ない。どんなコンピューターも、人間のしている選択的忘却は、逆立ちしても、出来ない。コンピューターの出来ない人間の活動には忘却の参与が絶対に必要になる。

知的メタボリック症候群も忘却によって克服できる。コンピューターが人間の作業を次々と奪っていくであろうが、それに歯止めをかけ、高度に知的な活動を可能にする原動力は知覚とその再生ではなく、価値システムにもとづく選択的忘却によってのみ可能になる。忘却は、ルネッサンスを迎えていると言ってよい。

思考力のリハビリ

絶対語感という文法

零歳児はほとんどなにもできないし、わかりもしない。頭のはたらきもまだ始っていない。言葉がわかるようになるまで、人間らしいことはなにも出来ない。そんな風に考えた人たちが、「はじめに言葉ありき」（聖書、ヨハネによる福音書の冒頭）という言葉を信じた。言葉がわかるようになるまでは、人間でないときめつけているわけで、はなはだ、乳幼児のメンタル・ワークを見くびっている。明らかに不当で、人間としての営みは生まれた直後から始まっているのである。

それどころか、零歳から五歳くらいの間のこどもの頭のはたらきは、よく知れば、おどろくほど活発であり、大人になってからではとてもできないことを、だれに教わるともなく、みずから学び取る。

知的にはゼロの状態で生まれてくるのだからすべてを学びとらなくてはならないが、はっきり教えてくれる先生がいないのが普通である。自分の力で必要なことを見つけて、自分のものにしていかなくてはならない。

もちろん生まれた直後に五感のすべてが充分に発達しているわけではない。視覚はすこしおくれる、触覚もなお未熟であろう。ただ聴覚はもっとも早くはたらく能力で、胎児のときに、母親の聞いているテレビの音に反応する、という研究があるほどである。どうも、聴覚は人間にとってもっとも大切な能力であるらしい。だからこそ生まれる前から発達している。

その聴覚能力であるが、幼児は成人よりはるかに鋭敏な受信力をもっている。たとえば日本人の不得意とされる英語のL音とR音の区別にしても、生まれて早い段階で、両音をきかせれば、ほとんどすべての子が、LとRの音を区別できるようになる。だから、日本人の両親から生まれた子でも英語を話す環境で育てばLとRの音の区別くらい易々たるものである。多くの子にとって、L音とR音の区別が重要でないので、この能力が退行して消える。中学生になってから、両音の区別がつかず、これを習得しようと努力しても、聴き分ける聴覚能力を失ってしまっているから、習得は困難をきわめる。

母国語の習得にしてもやはり、ゼロからスタートする。言葉を耳から入れる。よくわからないから、すぐに、あるいは、やがて忘れる。するとまたその言葉が繰り返されるが、また忘れてしまう。こういうことを何度も繰り返していると、もう忘れることが出来なくなる。これで、その言葉は習得されたことになる。

つぎつぎ、こういうプロセスで言葉を覚えていく。不要な部分はこの作業を繰り返しているうちに忘却、消却されて、純化していく。こうして身についた言葉が、ひとりひとりの頭の中に〝文法〟をこしらえ上げるのだから、おどろきである。

この〝文法〟のことを私は〝絶対語感〟と呼んでいるが、すべてのこどもが、めいめいの絶対語感をもっている。耳から聞いた言葉の不要と感じられるところを落し、忘れつつ、同じ言葉を繰り返し耳にしていると、昇華して純度の高い言葉の理解が成立する。こうしながらひとつひとつの言葉を総体的に作り上げられるのが、絶対語感という〝文法〟である。

一生の間、消えることなくはたらく大変重要な知的継続であるが、成人になってからこれを自覚し、顕示することは不可能である。自分の絶対語感を精密に記述、明示することは出来ない。それは忘却力によって、中層意識へ移されているからで、何かことがあれば、そこから出てくるが、ふだんは眠っているも同然である。

言葉があふれる生活の中で、文法という抽象的体系をつくり上げるのは、繰り返し受けた刺激を適宜に忘却した結果であって、教えこまれたものではない。みずからの記憶、忘却、思考のプロセスを繰り返すことによってパターン化、法則化したものが、そのこどもの個性の原型になる。

この段階では、記憶と忘却と思考は互いに協同して認識活動を行なっている。とりわけ記憶と忘却は、成人の考えるように、対立的なはたらきではなく、新しい思考のために忘却によって整理された《頭》が必要であり、思考は必然的に忘却によって加工修正を受けて次の発想をより容易ならしめる。

知識と思考の量は反比例

零歳から五、六歳までの間の、記憶、忘却、思考の連動と流れがおかしくなり、記憶は記憶、覚えたことを忘れることはなるべく抑圧、制止されなくてはいけない、とされるようになるのは、文字という記号を学習する学校教育以後のことである。学校では、知識（文字）を学習すると、なるべく、それをすべて記憶することを求める。習ったことを忘れてもよい、などという教育はない。

こうして、忘却は記憶の敵になる。

覚えておけ、忘れるな、が教室の合言葉になるのは当然である。学習者は忘れまい、忘れては困る、と思いながら、忘れてしまうのを、いかにも、自分の落度であるかのように思う。

単に知識の量をふやしたいのであれば、忘れたりしていては不都合であるから、忘却はいつとはなしに記憶の目の敵にされてしまう。記憶がしっかり根づくには、自分にとって価値あるものになるよう、いったん、あるいは何度となく忘却の波に洗われることが必要である、ということに気づく人はまれであった。少なくとも、忘却を弁護する教師はいなかった。そのために、知識はその力を失い、みずからの頭の中ふかく繰り込まれることなく、いつまでも知識として蓄積される。

そういった半分死んでいる知識でも、実際の問題解決に役に立つ。本来なら、みずから考えなくてはならないことでも、あつらえ向きの知識があれば、それを援用して思考の手間を省くことができる。知識は有用である、となる。有用な知識は多ければ多いほどよいから、ますます知識の備蓄がすすめられる。そして、知識は思考より便利であり、価値の高いものであるような思い違いが当り前になる。

知識があれば思考で苦労することがない。思考の肩代わりをする知識が多くなればなるほど思考は少なくてすむ道理になる。その結果、ものを多く知っている人は一般に思考力がうまく発達しないという困ったことがおこる。博学多識の人は、その知識、専門の外へ出るとまるで自己責任の思考、判断、工夫などができなくなってしまうということが実際に珍しくなくなって、《専門バカ》という俗語が出来ている。知識と思考の量は反比例するというのは検討に値する命題である。

さきにものべたことであるが、生まれたばかりの子は、いわゆる知識はゼロである。

それから外界のすべてのことを知り、覚え、考えて、言葉にはならないが、個性というものを作り上げる。知識が少ないゆえ思考が活発なのであるから、ここでも知識と思考の反比例の関係は認められる。

幼少のころは、活発な知的活動を行なっていたのに、成人すると形式的な知識の詰め込みによって、そのはたらきを殺してしまっている人がいる。知識こそふえているが、その分、思考力は萎縮し、ひどいときには眠ってしまう。知的メタボリックの人や、博識者はときに思考をほとんど休止させ、知識の利用、応用によって、問題を処理していて、創造性に欠けることがある。

人間のすべてが生れて数年の間は、すばらしい知性、理性の核のようなものをもって活動的であったことを考えると、過大な知識摂取によって低下した幼児能力を、もう一度、意識的努力で復原する知的リハビリを行なう必要がある。もともとない能力ではない。あったのに、知識のみをありがたがっていて、退化してしまった思考力のリハビリを考えるのは新しい見方である。

そうすれば、知ることが忘れることを仲介として考えることに結びついている原初能力が、再びよみがえるようになる。

知ることと考えることを結ぶのは、忘れることである、というのが、ここでの基本的見通しである。

思考力、忘却力のルネッサンスというよりも失われた機能のリハビリであると考えるときにとくに注目されるのが、忘れることである。忘れることを忘れてきたために、人間は生気を欠いて、病的性格を濃くしているように思われる。《よく忘れよく考えよ》。これがリハビリの合言葉になるであろう。このリハビリがうまくいけば、《コンピューターも怖るるに足らず》である。

記憶と忘却で編集される過去

古い写真の記憶

古い写真を二枚同封した手紙が来た。その両方の写真に写っている旧師の追悼録を準備中だとことわって、これらの写真がいつ、どこで撮られたものか知りたい。幸いどちらにもあなたが写っているから、おわかりでしょう、ご教示ください、というのである。

そんなことを言われて、はなはだ困惑する。だいいち、自分がどこにいるのか、探すのにひと苦労、こんな写真はじめてみる、そのときくれなかったのではあるまいか、などと邪推したりする。数人ずつ写っていて、大半は未知の人のような気がするが、そんなはずはない。外国人が二人写っているが、こんな人は見た記憶がないのである。どこで、いつ、などといったことが、わかるわけがない。いくら考えても、ぼんやりとさえ思い浮ばない、といった返事を書いた。後味ははなはだよろしくない。どうして、こんなにきれいさっぱり忘れてしまったのか。自分の顔すら見失うところであったなどとは恥かしくて人には聞かせられない。

あとになって、もう一度、じっくりながめていると、だれともわからなかった人物の二、三人がうっすら思い出され、名前も浮んだ。それでも、どうも、自分が自分のような気がしないのには参った。よほど忘れっぽく出来ているのだと納得する。

この写真自体、もらったに違いない。そして忘れたのである。写っている人間とも口をきいていたはずであるが、まるで覚えていない、と思っていたが、あとでじっくりながめていると、よみがえってくる部分がある。やはり、一様に忘れていたのではなく、忘れたところと、そうでないところがあるのがおもしろかった。

そして考えた。その昔、というのは五十年近く前のことになるが、この写真を撮ったころ、わたくしは写真というものに否定的な気持ちをいだいていたらしい。いわば潜在的な嫌悪感をいだいていたようである。

戦前のこどものころ、人々は写真を少しばかり怖れていたのかもしれない。写真を撮ると、魂を吸いとられて早死する、などといったことをまじめに口にする人が少なくなかった。人間の影がうすくなると心配した人もある。

三人で写真を撮ると、まん中の人がいちばん先に死ぬ、というのはもっと広く信じられていて、実際、まん中の人が先に亡くなる。やはり、写真なんか撮るものではない、と考えた人は多い。三人のまん中の人がまっ先に死ぬというのは当り前のことで、すこしも神秘的ではない。三人寄って写真を撮るとき、最年長の人をまん中にすえるのは自然である。人間年の順に死んでいくわけではないが、どちらかといえば、若い人より年寄が先に亡くなるのは順当である。人々はそんなことも考えず三人のまん中で写真を撮るのを嫌った。

それとは別に集合写真で、二列、三列と並んで撮っているとき最前列の椅子に腰をおろし胸を張っている人たちにいわれもなく反感をいだいていた。幼いころ、父のもって帰った集合写真で、父はいつも、後列の端の方に立っていた。前列の偉い人に比べて、しょんぼりして見えるのが、息子として情けなかった。そして前列まん中の人に反感をいだいたのだろう。ひいては、グループ写真というもの全体への偏見をつよめた。みんなと写真を撮って、心が晴れたことはまずない。カメラマンが、〝笑ってください〟〝チーズ！〟などと言うと逃げ出したくなったこともある。

そもそも写真を撮られること自体好きではない。あとで親切に送ってくれる人にお礼を言うのにも苦労する。どのように写っていても、どうにもしようもない。思い出しになるからなどと言われると、そもそも思い出したくないことをムシ返すのはおもしろくない、という思いがある。

そういう人間に、五十年も前の古写真をつきつけて、さあ思い出せ、と言われても、どうしようもない。撮ったことも忘れている。出来てきた写真を見る気がしない。すぐ破いて捨てるほどではないにしても、その辺に放り出しておけば、やがてゴミ屑の仲間入りである。写真との対面は、おそらく十秒かそこいら。記憶にとどまったら、その方が不思議なくらいだ。完全に忘却の闇に没するのに一年とは要しまい。

おもしろいのは、その忘却が一様でないことである。まったく忘れているところと、忘れ方の弱いところ、つまり、うすぼんやり記憶している部分とが入り乱れている。

この五十年前の写真にしても、よくよく見ていると、かすかな記憶がよみがえってくる人物と、まったく、覚えていない人物がある。外国人の二人が、ほかの日本人に比べても完全に忘却の淵に入ってしまっているのは、そのころの自分が外国人に対していだいていたコンプレックスが関係しているかもしれない。コンプレックスの対象は忘れないという人もいるが、いやだという気持ちが主になっているコンプレックスは忘却を深めるように考えられる。

ほかの日本人に対しても、好意好感をいだいていた人たちは、なんとか思い出せるものの、よい印象をもっていなかった人はどうしても名前が思い出せない。

良い意味でも悪い意味でも、心にかかる関心事には記憶力がつよくはたらき、それだけ忘却は力負けして、ながく記憶にとどまる。関心のないことには記憶しようという気持ちもつよくないまま、忘却の作用が存分にはたらいて、きれいに片付けてしまい、跡形もなくなる。

写真はモノであるから、いったん記録したものは、年が経っても、多少、色あせることはあるにしても、元のものを保存、記憶している。その半面、心の中の写真は、おもしろいこと、気にかかること、大事なこと、などは、変色しながらも、残っているが、そうでないものには、忘却の作用がはたらいて、消し去ってしまう。古い写真をつけられると、程度の差こそあれ、実物の写真と、心の中の写真との差におどろかないわけにはいかない。なつかしい、と思うのもひとつの反応だが、より深く自分の心理のはたらきのあらわれとして、衝撃を受ける可能性もあるのである。

まだらな過去の思い出

あるとき、ある大学のある学科の卒業五十周年記念同窓会があって、古稀を過ぎた旧友が集って往時の思い出を語り合った。しばらくして、ひとりが、お互いの思い出はみんなバラバラに違い、だれも、昔のことを十全に覚えている人間はいなくて、自分に都合のよい過去をつくり上げている、といった感想をのべて、一同、神妙になった。親しそうなことを言っているが、ひとりひとりの過去は自分だけのもので、となりの人には通じない。過去のことをよく記憶していると自信をもっているが、頭の容量が小さいから入り切らないものが、溢れて消えたんだというと、賛否の意見が入り乱れた。

どんな記憶力優秀な人にしても、過去を万遍なく、すべて覚えているように考えたら大きな誤りである。他の人より、記憶していることが多いかもしれないが、あるがままをすべてその通り記憶しているわけがない。そんなことのできる人間はどこにもいない。

思い出の過去はまだらである。記憶と忘却が、不思議な協力によって、現実や事実にアクセントをつけ、強調された部分を記憶し、弱勢の部分に忘却がつよくはたらいて、これを削除、消失、忘失させる。われわれめいめいのもっている過去は、このように記憶と忘却という二重編集によって、編集された過去である。ナマの過去ではない。加工された過去である。

AがXという先生のことをことこまかに記憶しているのに、Bはまるで忘れている。一緒にいて知っていなくてはならないことまで、そんなことがあったこと自体を疑うのがBである。AとBとはまったくではないにしても、かなり違った過去をもっている。しかし、それがまだらであるのは共通している。違うのは模様であって、これが、AとBの個性と深いところで結びついているのであろう。日ごろ、われわれは、そういうことを意識しないが、自分の過去とほかの人の過去とは、同じ問題や出来ごとについても、はっきり異なったイメージをもっているのが普通である。

同じ時代、同じ問題をテーマにしても、二つの雑誌は決して同じ誌面をこしらえることはない。しようとしてもできるわけもないが、はっきり異なっているのが正常であって、似ていたら、むしろ弱い編集ということになる。

かりに二人のエディターがいて、投稿原稿からのみ雑誌をつくるとすれば、編集者としては、なにを採り、なにを捨てるかの判断が問われる。二人の編集者が、同じものを採り同じものをボツにして、まったく同一の誌面をつくることは、絶対にあり得ない。めいめいが独自の価値基準によって取捨選択を行なっている。

同じことが心の面にもおこる。

ひとりひとりは関心度、価値観によって記憶がとり入れたことを、忘却がより客観的で深層の関心度、価値観によって対象の選別を行ない、価値の少ないとされたものを忘れるにまかせ、あるいは忘れようとする。

完全にあるがままの過去というものは超人間世界や観念の次元でしか存在し得ない。ひとりひとりの思い出、思想の中の過去は、ナマの過去が固まったのではなく、主として忘却によって編集された、凸凹、まだら、様式化――つまり、作られた過去にすぎない。

社会的にみれば、歴史というものは、個人の世界の集積であるから、やはり大きくまだらであるべきであって、完全に再現される過去は存在しない。

忘れ忘れて、忘れ切れなかったもの、それが思い出という過去である。まだらはその特色で、これが個性を決定する。

選択的という忘却の性格をもっともよくあらわすのが、このまだらな過去である。

ハイブリッド思考

勉強は休み、休み

「田舎の学問より京の昼寝」ということわざがある。「知的水準の高い都にいれば、おのずと見聞が広まり、知識も豊かになるというたとえ」（学研『故事ことわざ辞典』）である。

すこし見方をかえると、こうも解釈できる。田舎で猛烈に勉強するより、都会でのんびり勉強した方がまさる、というのである。どうして田舎の猛勉がいけないのか、いかにも怠けているように見える都会の勉学が田舎の人にまさるのか、不思議におもわれるが、そうなのだ。

ひとつには、競争相手の問題がある。田舎には学問に心を寄せるような人が少ない。どうしても独りで努力することになる。まわりにライバルもいないから、つい自己満足におちいりやすい。自分は相当に学問をした、自分にかなうものはないではないか。お山の大将になりがちである。そう思えば緊張がゆるみ、修業も甘くなるというわけである。都会にいると競争相手がいる。負けまいと思うとおのずからしっかり心が引きしまる。ときに昼寝するゆとりをもっても、充分に進歩するのである。人間、せり合ってこそ伸びるもの。独りだけでの努力は大きな実りになりにくいのである。

もうひとつ、田舎の人の不利な点は、休むことを知らないことである。時間のある限り朝から晩まで勉強する。実は、それがまずい。同じことを長い間続けていると、だんだん能率が低下する。収穫逓減の法則というのがある。同じことを続けているとだんだん成果が小さくなっていくというものである。かりに一時間にＡだけの勉強、仕事が出来るとする。二時間やれば２Ａの成果になるはずであるが、しかし、そうはならない。２ＡマイナスＸになる。時間が長くなればなるほどこのＸが大きくなって成果は乏しいものになる。毎日、十時間も休まず机に向っていれば10Ａマイナス10Ｘ

くらいのことしか出来なくなる。多忙で張り合う相手のある都の学者は休み休み勉強する。いかにも、怠けているように見えるが、この休憩が、その都度頭を活性化してかりに一日三時間の勉強でも、3Aに近い成果を収める。マイナスのXがない。これが田舎の10Aマイナス10Xより勝るというのが、はじめの「田舎の学問より京の昼寝」の心である。

つまり、休みが必要だということである。

忘れる時間がないといけない。

レクリエイションというのも、もとは、そういう積極的作用をもった休憩、停止ということである。頭を使いっぱなしにして、休ませてやらないと、あとから新しいことを吸収することができなくなってしまう。頭へ入れたことを適当に整理する時間、うまく忘れる時間がないと進歩するのは困難である。いわゆる勉強家が、その割には大きく成長しないことがあるのも、つまり、不休であるのがいけない。勉強も休み、休み、するのが賢明である。

思考の増強、知識の削減

学問というのは、知識を習得することだという考えはいまも誤りではない。そのためにはせっせと本を読むしかない。知識は読書の量に比して増大していくけれども、やはりさきにのべた収穫逓減法則がはたらくから、読めばよむほど比例してふえるのではないが、それでも、頭いっぱいに詰まった知識は当人に害をなすおそれがある。知識過多の知的メタボリック症候群の人はその一例である。

これまでの社会は主知主義で動いてきたから、知的メタボリックもむしろ喜ぶ風潮すらあったかもしれない。コンピューターという知識収容の巨人があらわれて、人間は知識によってのみ生きるわけにはいかない、知識一本槍ではコンピューターに勝てそうもないことがわかった。それでようやく、知的メタボリックが困ったものであると考えられるようになった。

知的メタボリック、知識過多症はいったんかかってしまったらなかなか元へ戻すのは容易ではない。もっとも、まったく手立てがないわけではなくて、方法は二つある。

ひとつは、余分な、価値の小さいと思われる知識、情報を捨てること、忘れることである。この捨てるというのが家庭でゴミ出しをするほど簡単ではない。記憶するのは意志の力がものをいう。そして覚えようと思えば、かなりの部分が記憶に留められる。

それに引きかえ、忘れるのは、知識を覚えるのとは違って意志によってすることが難しい。忘れようと思っても、忘れられないことがあるし、覚えておきたいことをかえって忘れてしまう。意のままにならない、厄介なのが忘却である。

もうひとつは、思考によって、知識を排除する方法である。もともと、知識と思考は、一般にぼんやり考えられるようには仲がよくない。それどころか、むしろ、仲が悪い。知識は思考を嫌い、ひたすら、記憶されることをまち、知識の量が多くなるに反比例して人間は考えなくなる。知識と思考は相補的である。知っていれば考える必要はなく、わかっていることは知るに及ばない。

そういう関係をうまく利用して知的メタボリックを正すことが出来る。思考を増強することで、知識を削減するのである。

新しいライフスタイル

ここで、クルマのハイブリッドが連想される。これまでガソリンのみで走っていた自動車に電気動力をとり入れて、ガソリンの消費の大きい始動、停止の前後に、ガソリン・エンジンを電気系統動力に切り換えるのがハイブリッド・カーである。ガソリンと電気の併用によって、より低公害のクルマが可能になった。

これまでの知識人は、知識というガソリンだけで走っていたようなもので、クルマは公害をまきちらし、人間は知的不活発に陥る危険も大きかった。これを適宜、電気動力に切り換えることによって、〝知害〟をへらすことができる。

本ばかり読んでいると、考えることのできない人間になりやすい。教育が普及した現代、知識過多な読書人が昔に比べて、多くなっている。それに社会も個人も気がつかない。

本を読むのはほかの人の考えたことの跡をたどり、追うことである。いくら行っても本を書いた人の先に出ることは叶わない。

それで、ときとして、本を読むのをあえて中途でやめて、その先を自分の頭で考える努力をしてみることもできる。

そこで忘却の出番になる。

没頭していた本を伏せてただちに、思考を始める——などという器用なことの出来る頭はない。スイッチひとつで切換え可能なハイブリッド車のようにはいかない。

本を読んで、すこし飽和感が生じたら、つまり、疲れてきたら、休む。すぐ別の本に手を出すようなことをしてはまずい。ぼんやりする。はじめのことわざでいえば、「昼寝」である。そこで、頭をリフレッシュしたら、本に戻らず、思考をする。いくらか読書の余韻があって、適当に刺激するから、ほかのときとは違った思考があらわれる。

そうかと言って、二時間も三時間も、ぶっつづけでものを考えるなどというのも賢明ではない。考えても、ロクなことはないだろう。

思考のとりえはとにかく疾いこと。一瞬、千里を走ることができる。三分の黙考が、本にしたら十ページ、二十ページになることも不可能ではない。それこそ休み、休み、忘れ、忘れて継続的に思考を積み重ねる。いくら忙しい人でも、二分や三分の思考の時間がとれないということはあるまい。

読書でなくても、仕事は、普通、思考と相性がよくないように考えられがちである。しかし、ハイブリッド式に考えるならば、仕事と思考を随時、交換できる。

ハイブリッド・カーが新しい考え方に立脚した技術であるように、ハイブリッド人間はこれまではっきりとは存在しなかった新しい人間である。そしてその交換の役を果す忘却は、これによって新しい意義を認められる。

人間は、覚え、覚えて走り、考え、考えて走る新しいライフ・スタイルを確立しなくてはならない。そのときの黒子の立役者は忘却である。こうして忘却は古来の偏見から解放されて、新しい文化創造の動力となる。

忘却は記憶に劣らず、人間の精神活動にとって欠くべからざる作用である。幼少のときにもっとも活発であったのが、文字を知るに及んで、一部が退化し、ときに故障すらおこす。そういう忘却を否定的に考えるようになったことは、人類にとって不幸であった。

人間が、理知ハイブリッドの生き方をするためには、頭の切り換えが必要で、それを行なうのが、忘却である。

II

空腹時の頭はフル回転

朝いちばんに考え、頭を使う

忘却が夜の間におこることはどうやらたしかである。忘却が頭をはたらきやすいように、きれいに整理してくれているのだとすれば、一夜明けた朝、頭がものを考えるのにもっとも適した状態になっているのはむしろ当然である。

昔から、それに気づいていた人は少なくなかったと想像される。イギリスの詩人、ウィリアム・ブレイクにこういう詩がある。

朝、かんがえ（Think in the morning）
ひるは、はたらき（Act in the noon）
夕がたに食し（Eat in the evening）
夜は眠れ（Sleep in the night）

つまり、朝いちばんに考えよ、頭を使え、というのである。ほかの仕事は、そのあとでよい。朝はそれほど頭の活動に適しているのだという洞察である。食事をするのは夕方、つまり、仕事が終ってからでよいとしているところが注目される。

同じくイギリスの小説家ウォルター・スコットも朝の信者だったようで、難しい問題があって夜おそくまで解決しないようなとき、彼はまわりのものによく言った。「明朝になれば、いい考えが浮んでくるよ」、夜の間に、名案、妙想が用意されることを知っていたのである。その夜に、大働きするのが忘却であることまでは、スコットは、あるいは知らなかったかもしれない。しかし、夜より朝の方が頭がよく働き、いい考えが生まれやすいことは経験によって知っていたものと思われる。生活の知恵である。

大昔、中国の役所は、朝、日が昇るのとともに開始されたという。それで〝朝〟廷なのである。われわれは、そういう故事を知らずに、朝廷ということばを使ってきたが、朝の仕事は、正確で迅速に処理されることを知った人たちの、知恵である。現代は、朝おそく仕事にかかり、そろそろ眠ってよい時間になって、頭を使うのを勤勉のように考える。

日本人の庶民の知恵を伝えるのが〝朝飯前の仕事〟である。このことばはいまは「朝食前にもできるほど簡単な仕事」と解されているが、もとはそうではなかったはずである。

文字通り、朝食の前にする仕事のことをそう言ったのである。かならずしも〝簡単〟でなくても、朝飯前にすれば、頭はきれいに整理されていて、ものごとの判断はたしかで処理は手早く行なわれる。いかにも簡単なように見えるから、そうでないものも、簡単だとされてしまい、朝飯前の仕事に〝簡単な〟という意味が付着して、流布するようになったのであろう。朝の仕事の能率がよいことを忘れてしまっていまのような解釈になったのである。朝の仕事の能率のよさこそむしろ注目すべきである。朝の頭がよいことが古くから、一般に認められていた証拠である。忘却によって、朝の頭がよくなっていることを認めるならば、〝朝飯前の仕事〟にはこれまでとはちがったニュアンスが生じる。

〝朝考える〟にしても、〝朝になればいい考えが出てくる〟にしても、さらに中国の朝廷にしても、朝の思考、仕事がすぐれていることに注目しているのだが、朝飯前の仕事が、朝は朝でも、食事の前というところに注目しているのがおもしろい。

というのも、思考に適しているのは、朝だけに限らないからである。気をつけてみると、昼前にも、そして、夕方にも、仕事のはかどる、つまり、頭の状態がよい時間帯があることがわかる。ことに、夕方がいい。体から言えば、昼より疲れていてもおかしくない夕方に頭の活動がよくなる、言いかえれば、頭がよくなる、さらに、忘却作用が成果を上げているのはどうしてか。

考えられるのは、いずれも空腹時ということである。胃の中に、食べたものが入っていて、その消化にエネルギーをとられるとき、頭の活動も低調になるのではないかと推測されるのである。

昼寝の効用

頭のはたらきには、意外に多くのエネルギーを要するのであろう。生理的活動にエネルギーをとられるとき、人間はほかの活動をいったん停止しないといけないのかもしれない。昔の人が言った〝親が死んでも食休み〟は、食後は、あらゆる仕事を休止して、消化を助けなくてはいけないという、やはり、生活から生まれた知恵である。

食後に、ものを考えたりすることは、はなはだよろしくない。頭はからっぽにして、休業にしておく必要がある。

学校というところは、頭の使い方に思いのほかこまかい神経を使っている。時間割りの組み方、休み時間のとり方などについては、ほかのところでのべることになるが、この食後の時間についていては、いくらか無理をしている。

昼の食事をしたあと、一時間の休みがあるが、それは食事こみの時間で、実際、食休みは三十分もあればいい方になる。

当然、食休みの時間が不足し、消化活動のさかんな間に、午後の授業が始まる。体の要求に正直に反応するこどもは、自然の要請に従順に従って、居眠りをする。これを不謹慎と見てきたのは、教育の誤りである。ゆっくり眠らせないのは、こどもに健康上の害を加えることになる。

居眠りをすれば、消化は助けられるが、それと同時に、頭の中の掃除、忘却も大いに促進される。ほんのわずかの時間の居眠りでも、目覚めてみれば、気分爽快、頭脳明晰の状態になっているのが普通である。居眠りを目のかたきにするのは見当違いの常識である。改めて昼寝の効用というものを考えさせられる。シエスタという習慣のある社会も、もとはそういう昼寝の効用に目ざめたのであろう。

同じことは夕食のあとにもおこるわけだから、夜間勉強するのは大きなハンディを背負うことになる。ブレイクの言うように、夕べに食べたら、あと夜は寝よ、というのは健康的である。夜、仕事をするのなら、仕事をすませてから食事をするのが望ましい。健康からすると、食後、相当時間たってから眠るのがよいらしいが、頭のはたらき、仕事、勉学などのことを考えたら、仕事のあとに食事をした方がよいのは、はっきりしている。

人間は、電灯のおかげで夜ふかしになってしまった。夜おそくまで勉強したり、仕事したりすることを何とも思わなくなったどころか、むしろ深夜の仕事、勉強を、たいそうえらいことのように考える傾向がつよい。かつては作家なども、夕方から動き出し、夜中まで、ときに、夜を徹して仕事をするのを誇りにしていたらしい。菊池寛が「夜には一行だって書こうと思わない」と宣言したとき、世の知識人はつよい衝撃を受けた。

朝飯前と夕食前の断食効果

頭の働きということから言えば、徹夜などもってのほかということになる。みすみす頭を悪くしているようなもので、なぜ、世間はそれを放置してきたのか、不思議である。

食事をしたあと、頭を使ってはいけないらしいことはわかっていても、食事前の時間がすぐれて生産的であることには目が向けられなかったようである。さすがに酒を飲んだあと仕事をする人はない。

朝飯前の仕事が、能率がよく、成果も上がるのは、前の晩から眠ったことによる空腹の活力によると思われる。昼食前に、朝飯前と同じことを期待するのは無理である。朝食からの時間が短くて、充分、頭がきれいになっていない。そこへいくと夕食の方がまだよい。昼食と夕食の間は六、七時間はある。夜中の休憩、忘却には及ばないとしても、昼食前とは比べものにならないくらいよい状態にある。つまり、忘却が進み、頭はよい状態になっている。

朝飯前の仕事を大切にするなら、夕食前の仕事を放ったらかしておくという手はない。

頭の活動、はたらきということからすれば、食前と食後では比べものにならない。断然、前がいい。胃が消化活動に忙しいとき、頭はひとときはたらくことを中止して、胃の消化に協力する。しばらくすると、ようやく頭を動かし始められるが、はじめのうちはかなりゆっくりしたはたらきになる。

つまり、ものを食べると、思考はしばし休業する。そして空腹になるにつれて、またすこしずつ働きがよくなる。ということは、忘却作用も活発になるということである。

食後の時間が長ければ長いほどよいということは、朝飯前がもっともよく、夕食前がこれにつぎ、昼食前がもっとも劣るという経験的事実に照らしても妥当なように考えられる。

食後の時間をいちじるしく長くするには、断食が有効であることははっきりしている。断食は健康面の効果が問題にされるのが普通であるけれども、精神的、知的にも、浄化作用が期待されるはずで、古くから、洋の東西を問わず、断食が宗教上の修行として重視されてきたのも、その精神的効果の故であろう。断食には胃や腸の余剰物をとり除いて、臓器の機能を高めると同じように、心的清掃を行なって精神を浄化する作用が認められてよい。

かといって人間に、いつも断食のできるわけがないのもはっきりしている。断食はしないが、それに近い心と頭のはたらきは欲しい。どうすればいいか、などとことごとしく考えることはないのである。

人間は毎日、小規模ながら断食をしている。もっとも長いのが、夕食後、もっとも短いのが朝食後であるのは、すでにのべた通りであるが、ほとんどの人が、日に三回、小規模の断食をしているのである。ただ、それに気づいている人が少ないにすぎない。いちばん長い夕食後から朝までを、だれがいつ考えたのかはわからないが、断食だとしたのである。その断食（fast）をやめる（break）のを、ブレックファースト（breakfast）と呼ぶのはおもしろい。その前の朝飯前がおそらく頭がもっとも冴《さ》えているのは偶然ではない。夕食前にも、二番目の断食効果を期待してもおかしくはない。学校が昼食後に学習を行なうから、居眠りが出るのである。昼の食事の時間をずらして午後二時とか二時半くらいにし、それまでを勉強の時間にすれば、昼飯前に勉強ができて学習の効率もよくなり、学力の向上も望みうるだろう。朝飯前の勉強を考えることのできない学校は、昼飯前の学習の時間をのばすことを考えてもよいのである。

忘却力も、食前にもっとも活発で、ものを口にすると、記憶とともに、しばしばはたらかなくなる。空腹、断食が味方である。

思考に最適——三上・三中

馬上、枕上、厠上

廊下にモノを置いてはいけない、と言われる。普通の家屋で生活している人間は、なぜいけないのか、はじめはよくわからない。廊下に戸棚などをところ狭しと並べているビルは、いったん災害がおこると、それがじゃまになって逃げおくれる危険がある。廊下はすっきりきれいに何もおいてないのがよろしい。

頭の中の廊下も同じこと。広くもない通路をガラクタでふさいで狭くしてしまっては、大事なものが通る妨げになる。ひょっとすると不通になってしまうかもしれない。

そんなことがあってはコトだから、忘却によって、頭の中の廊下は、きれいになっているのである。それが当り前だが、なにかの拍子で、よけいなもので詰まると、異常を来すことになる。忘却はいつも、清掃、整理、思考の安全ルートを保持する役割を負っていて、いろいろな状況において、発動する。

中国・北宋の政治家・学者である欧陽脩が、文章を練るのにもっともよいところとして三上ということを言った。すなわち、馬上、枕上、厠上《しじょう》である。いまなら、通勤などの車中、朝、目がさめたとき、トイレの中といったところである。トイレの時間があまり短い人は都合がわるい。

なぜ、考えるのに適しているのか、というと、それぞれ、雑念が去って、頭の廊下がきれいになっているからで、三上は忘却に最適の場所と言うことができる。ものを考えたり、文章を工夫することにかかる前に、忘却によって、頭をきれいに、よく働くようにしてもらわなくてはならない。

馬上というが、馬に乗ってすぐ、考えごとが出来るわけではない。人によって長短はあるが、しばらくの間は、ぼんやりして、忘却の進むのを待つ。これを忘れては三上は意味をなさない。トイレが三上にふさわしいかどうか、多少疑問なのは、それだけの時間がとれるかどうかわからないからである。おもしろ半分につけ足したのかもしれない。実際にトイレの中で、原稿を書いたり手を入れたりするほど忙しいことはまずないだろう。

通勤電車などはまさに現代の馬上であるが、これを活用している人は多くない。かつては車中でものを読む人が多くて日本を訪れた外国人をおどろかせたが、このごろはずっと少ない。新聞を見る人は、となりのじゃまになるので遠慮する。このごろの若ものはケータイをにらんでいる。メールを読むのだろうか。大部分の人は、ぼんやりしている。なかには目をつむっている人もいるが、ものを考えているのかはわからない。なにも考えないで時をすごすことをわれわれはいつしか覚えて、退屈をしない。淋しいとも思わない。

こうした人は、いずれも、忘却によって、頭の中はきれいになっているはずである。考えごとをするのに最適であるけれども、因果なことに、考えることを知らないのがほとんどで、時間を空費してもったいない。もっとも、考えごとをしている人はいるかもしれないが、考える人はそれらしい雰囲気をただよわせるのにそれがない。頭の中はさぞきれいであろう。そう言えば、列車に乗って遠くへ行くと、振動が消化を促進するらしく、すぐ腹がへる。車中ずっとものを食べ通しという人もいるくらいである。頭もそれに似て、ゆさぶってやると、ふだんよりも忘却が促進される。乗りものに乗っている十分は、ぼんやりつっ立っている十分より、忘却がよく働いて、気分もよくなるかもしれない。三上の中でも、馬上、車上が最上だろう。

そう言えば、モンテーニュが、自分の頭はときどきゆさぶってやらないと眠ってしまうから歩く、という意味のことを書いていたと記憶する。これも忘却のことを言っているのである。

枕上については、すでにのべた、朝、起床前のことでつきていると思うから、繰り返すのを避ける。馬上、車中よりも、忘却がゆきとどいているから、それだけ考えるのに適していることになる。

入浴中、道中、夢中・集中

三上のつぎは三中である。入浴中、道中、夢中・集中が三中。

アルキメデスが入浴中にアルキメデスの原理を思いついたというのは有名な話であ

る。その入浴中というのは偶然ではなく、妙案を得るのにうってつけの状況である。ということは、入浴によって、忘却が活発になり、わずらわしい雑念記憶などが吹きとぶように消える。血のめぐりがよくなる分、頭の中がきれいになって、そこへかねて考えていた問題の答えが、天来のインスピレーションのように訪れる、というわけである。

入浴は、気分を爽快にするというのも、頭の中のよごれ、ゴミ、雑念などが一掃されるからである。よく入浴中に、よいアイディアが浮ぶのに、あとでと思っていると忘れてしまう。だから浴室にメモの用意をしているというエッセイストがいた。やはり入浴は効果的である。

道中は散歩中のこと。考えるのにもっとも適しているひとつが散歩中であることは、ヨーロッパの哲学者が好んで歩いたことでもわかる。もっとも古くはギリシャ逍遥学派の哲学者たちで、歩きながら講義したり、議論したという。やはり、散歩、歩行が、頭を整理するのに適していることを暗示しているが、歩くことが直接に思考をすすめるのではなく、歩行が忘却をさかんにし、頭の通りをよくするからであろう。

実際、歩きはじめて三十分くらいの間は、考えごとはうまくできない。頭が濁っているからである。雑念がいっぱい煮詰まっている感じである。歩いて頭をゆさぶり、不要なものを振るい落す。するとやがて雲が切れて青空が見えるようになってくる。それで考えごとが始まる。散歩の効用は思考そのものをおこすのではなく、思考のための準備をととのえるところにある。忘却するには歩くことがよいようで、その上、忘却はたいてい爽快感をともなっている。思考はその中から生まれるというわけである。

三番目の〝中〟は夢中・集中である。なにかあることに夢中になると、ほかのことは忘れてしまう。浦島太郎は竜宮で夢のような日々をすごした。そのために、もろもろのことが念頭から消え、時のたつのさえも忘れてしまった。ほんのわずかの間のことだったと思ったのに、たいへんな歳月が流れていた。

ものごとに集中すると、ほかのことは眼中になくなり、頭から消える。忘れてしまう。集中はもろもろの雑事を放擲、忘失することによって頭を清澄にすることができる。だらだら長い時間、勉強している者が好成績にならないのに、スポーツなどに打ち込んで、集中力を高める者が、学業でも好成績を収めるのは、集中、他事忘却、などがうまく作用するからである。

感情のガス抜き

精神のカマドを開放する

英語の諺に、

A stopped oven burns the hotter.

というのがある。カマドのフタをあけておくより、閉じておいた方が、火は勢いよく燃える、の意味である。ふつう、あけておいた方がよく燃えるように考えがちだが、抑え込むようにフタをすると、かえって、よく燃える、というのは一見、逆のようでありながら、真なのである。その理を のばしていけば内燃機関の発明にいたる。大気の中でガソリンを燃しても、燃えつくせば消えるのみであるが、密閉した内で点火すれば爆発力を出す。

人間の頭の中でも、内燃機関の爆発のようなこともおこれば、皿の上にのせたガソリンを燃すようなこともありうる。精神のカマドは、密閉をさけて、開放的であるのが健康である。stopped oven はしばしば危険であるが、われわれは、日ごろ、そのことに気づかない。

人間は呼吸によって生きている。まず息を吐いて、息を吸う。吸ったらまた吐く。吐いて吸うことを繰り返す呼吸を無意識に、しかし正確に繰り返している。息を吸い込んだまま、吐き出さないでいたらどうなるか。生理的にそんなことはおこり得ないから、考えることもない。

頭の中、心では、そのあり得ないことが、おこりうる。吸い込んだものを吐き出さないで、そのまま保持するということが、ありうるのである。

呼吸においては stopped oven はおこり得ないけれども、心理的には充分、おこりうるのである。

出口をふさがれたものは、内圧を高め、長期にわたって、この内攻を続けていれば、いずれは、暴発につながる。

典型的な例は恨みの感情である。

ある人間に対して恨みをいだくとする。ひどいことをされたと感じて、つよい不快感や不満をいだくのである。たいていのおもしろくないことは、やがて忘れるともなく忘れてしまうのだが、恨みは、つよい感情で、しばしばだれにも打ち明けられない。抑えていると、stopped ovenのように、気持ちはいよいよはげしく燃えあがり、ついには爆発するまでになる。

恨みだけでなく、不満の気持ちも、抑え込んでいると、次第に高じて、爆発するようになる。抑圧がいけない、発散しないのが危険なのである。忘れてしまうのがいちばんだが、つよい不満は、かんたんに忘れられないほど鬱積して大きなエネルギーを内蔵しやすい。

おもしろくないこと、いやなこと、つらいことなどが、内向・内攻すると厄介であるから、適当な発散の方法が考えられる。後述するが、カタルシスもその一例である。

会議などに、こういう不満の空気がみなぎってくると、知恵のある当事者は、あえて小さな問題を提起し、それによって高圧の不満を減圧する手を考える。俗にガス抜きと呼ばれるもので、不満な空気はそれで平穏になる。

個人では、なかなかうまくガス抜きができない。思いつめていると、内圧は高まるばかりだが、それを発散させることを忘れていることが多い。ひとりでくよくよしないで、信頼できるまわりの人に話してみるだけで、ずっと気が楽になることが多い。しかし、悩む人は心の内のことを口にするのをためらう気持ちがつよく、ひとりでくよくよし、ますます気持ちを高ぶらせる。

恨みも他人に打ち明けにくいもので、内攻させて増大、激化させやすい。発散させることなく思い詰めていれば、やがて恨みの感情はおそろしい高圧エネルギーになる。ちょっとした刺激で暴発する。孫が祖父を殺す、昔の学生がかつての教師を殺害するなどという事件が多くなってきたのは、出口を失った怨念が鬱積しやすくなってきたのであろう。

悪感情の発散

心を許す友、仲間は、かつてでも、なかなか得にくいものであったが、個性を重んじ孤独を好む風潮は、心の友を出来にくくしているように思われる。少子化社会は少友化社会でもある。悩みを聞いてもらう人がなくて、SOS電話を頼ることになる。

恨むというのは、おそらく人間にとって自然な感情だろう。恨みをもつな、というのは非現実的である。とするならば、いかにしてそれを解消、無害化させるか、どうしたらうまく忘れることができるか、を考えなくてはならない。

恨みのうまい処理法を知らないまま、感情の高ぶりにまかせておけば、いずれは限度を越えてしまう。爆発的暴力によって〝晴らす〟のは悲劇である。怨恨による殺害はふつうの殺人とはちがい、不必要なほど多くの加害を与えている。stopped oven のエネルギーのものすごさを示している。

暴力的エネルギーを発生させるのを人間として避けることができないとすれば、それを処理するものがあるはずである。加圧する感情があるなら、減圧する作用があるべきであって、それが、忘却である。うまく忘れてしまえば、悪感情はおそろしいことにならずに雲散霧消する。きわめて大切な安全弁であるのに、記憶に対して忘却が悪者であるとして、忘却をいじめ、弱体化させてきたのが近代社会である。

古くから、発散の必要ということは気づかれていた。

『徒然草』に、

おぼしきこといはぬは腹ふくるるわざ……（第一九段）

という有名な文句がある。思っていることを言わないでいると、腹が張ったような気持ちになるものだ、という意味である。いまでは「思うこと言わねば腹ふくれる」の形でよく用いられる。一般に、『徒然草』にはじめて出たことばのように思われているが、実は、『大鏡』からの受け売りだった。『大鏡』はこの文句のあとに、「かかればこそ、むかしの人は、ものいはまほしくなれば、あなをほりてはいひ入れ侍《はべ》りけめと、おぼえ侍り……」とある。この『大鏡』もまたオリジナルではなく、先書をふまえたものであった。

ものが言いたくなったら、穴を掘ってその中へ言った、という話の発端はギリシャ神話にある。その「王の耳はロバの耳」が源流らしい。ミダス王の耳がロバの耳の形をしていたが、王はこれをかくした。理髪師はその秘密を知るが黙っていることができず、穴を掘ってその中に向って告げた。告げ終ると理髪師は穴に土をかけたが、そこからアシが生えて、風が吹くたびに〝王の耳はロバの耳〟とささやいた、というのである。これが中央アジア、シルクロードを経て中国、朝鮮に入り日本へ渡ったのである。

それくらい古くから、広く言い伝えられたのが、この思ったことを言わないでいると気持ちが悪いという思想である。

耳にした秘密を心にとじこめておいてはよくない、というのは、ここで考えている、気持ちの抑圧がよくないということに通じるところがある。

学校の教師が、教頭になると、よく十二指腸潰瘍にかかるので、これが、中間管理職病だといわれたことがある。健康だった人が教頭になるとやられる。それが、あちらでもこちらでもおこって人々の注目するところとなった。

原因はよくわからないが、教頭になると、人に言えないことをいくつもかかえるようになる。仲間と気軽におしゃべりでもできればば内攻することもないが、立場上、ひとり胸のうちにしまっておくことになる。すると、本当に〝腹ふくるる〟わざ、病気になる。〝腹ふくるる〟はたんなる比喩ではなく文字通りの病気であって、腹を切って治さなくてはならない。

おしゃべりの効用

思いや感情、悩みなどはどんどん発散しないと、精神がやられるばかりでなく肉体的にも害をうける。晴らし、散らすことのできない気持ちが厄介であることは、古くからわかっていたが、現代においても、うまい処理法が確立していないために、多くの悲劇がおこるのである。

悪い情念はなるべく早く排出してしまうにかぎるが、それがなかなか思うようにいかない。さっぱり忘れることができれば、それが一番だが、なにしろ、忘れてはいけない、よく覚えておけといわれてきたおかげで、忘れ下手な人間が多くなった。いかにうまく忘れ、心を清々しくするかについて、これからはもっと頭を使わないといけないだろう。

知的になればなるほど、人は忘却力が衰弱する。悪い情緒、感情の自浄作用である忘却によって、晴らし、発散して、さっそうたる心理になることは、かつてに比べて、いちじるしく困難になっている。ニュースになる惨事、凶行の多くは、この処理されなかった悪感情の仕業であると見てよい。

ここでは、怨念、不平、不満の発散の方法としてひとつだけをあげる。

やはり、口に出して言うのが、もっともよい劣情、悪感情の発散の方法である。勤めのかえり、仲間と飲み会をするというのは、もっとも簡便な気晴らしになる。あとは気分爽快、明日に向って意欲もわいてくる。

必ずしもアルコールで酔っ払う必要はない。お互いの友情を信じ、存分に思っていること、心にかかっていることを打ちあける仲間があれば、これまた、人生を明るく、積極的なものにする。われわれは、学校にいる間に、そういう心を許せる友をつくるべきであったのである。学校でできなかったなら、世の中へ出てからでも何でも言える、何でも聞いてもらえる人をもつのがきわめて大切である。

かつての王侯貴族、とくに最高権威者は、孤独である。胸のうちはいつも秘めていなければならない。それがいかに心身に有害であるか、経験によって気づいたのであろう。自然には親友は得られないから、プロの道化をつくってそれに向って、何でも言った。これがどのように有効であったか、第三者にはわかりかねるが、すぐれた側近に恵まれた指導者はすぐれた仕事をしたことを歴史は物語っている。

気のおけない人と、うまいものを食べて、四方山のはなしに興ずるというのは、庶民にとって、最高のぜいたくであろうが、それによって、われわれの頭もきれいになり、雑念を消すことができるなら、飲み食いが大切な仕事であるとさえ考えることもできる。

風を入れる

社交の原理

明治の昔、文学者、平田禿木《とくぼく》をある出版社の編集者が訪ねて執筆を依頼した。禿木は快く承諾した。編集者は喜んで帰った。ほかを廻って、社に着くと、会ってきたばかりの禿木からの速達が届いている。折角ながらさきほどのお話、貴意に添いがたく……という断りであったという。

編集者は途方にくれ、それならなぜ、あのとき断ってくれなかったのかと恨めしく思ったというが、このエピソードは、それを伝えるのが趣旨ではなく、面と向ってははっきり断れなかった禿木のやさしさを、さすがだと感心した人たちが広めたものである。案外、そのころの郵便はそんなに早く届いたのかとおどろく人たちの吹聴かもしれない。

相対していたときには、社交の原理がはたらく。思ったことをそのまま口に出すのが憚られることもある。ところが、その相手がいなくなってしまえば、遠慮は忘れられて、本音が出る。ついさっきイエスと言ったことも気変りしたのでなく、さえぎっていたものがとれれば、言いにくかったことも言え、断わることができる。変心ではなく気が変ったように見えるだけである。

面と向って、〝先生〟と呼ぶ相手がいなくなり、ほかの人と話しているときには〝さん〟になるのはごく自然で、別に気が変ったのではない。一般に、第二人称の人間に対して敬語が多く用いられるのに、同じ人が第三人称になると敬語が落ちる。目の前にいるときの遠慮が、いなくなれば、消える。忘れるともなく、なくなる。風が入ると、微妙な遠慮気兼ねがなくなって第三人称的になるのである。

原稿を寝かせる

寺田寅彦はエッセイを書いた最初の科学者で、文名が高くなるにつれて多くの原稿を書いたが、いつも締切りに後《おく》れるようなことはなかった、と伝えられる。

寅彦は、執筆を依頼されて、引受けると、その日のうちに書いてしまったらしい。すすめられて、書く気になったところで書くのは最高のタイミングであろう。締切り間近までほっておくと、はじめの乗り気はもちろん消えてしまっているから、とりかかるまでのウォーミング・アップにも時間がかかって、締切りに追われることになる。

そういうことを避けるには、書きたいと思ったとき、しかも、締切りは大分先である。圧迫感はなく、自由にのびのび書くことができる。そうして出来た原稿を机の抽出しに納めて、締切りを待ち、読み返した原稿を渡すという順序である。結果がよいから、それがルールのようになったのであろうか。

これはある有力出版社のベテラン編集者が回顧録の中で述べていたことであるが、読んだのが随分古いことで、固有名詞はすべてあいまいになってしまった。ある人としか言いようがないが、筋ははっきり記憶している。

ある流行作家である。原稿を頼まれると、なるべく早く、出来れば、その日のうちに、短篇なら書き上げてしまう。寅彦流である。

そして締切り。雑誌記者が、原稿をもらいに来る。先生、すこしもさわがず、編集者を待たせて、読み返し、手を入れてから渡した。それだけ待たせるには権威がないと出来ないことだが、やはり、書きたての原稿をロクに読み返しもせずに渡しているのにくらべたら、文章の洗練度が違う。

原稿は風を入れて、ひととき寝かせてやらないと、うまい推敲にならないことをこれらの挿話は伝えている。

ヘミングウェイの原稿

昔の中国、唐代の詩人賈島《かとう》が、
僧推月下門（僧は推す月下の門）

という詩句を得たが、この〝推（おす）〟を〝敲（たたく）〟にしようかどうしようかを迷っていたところ、韓愈の行列にぶつかり、韓愈に相談して〝敲〟にきめた。この故事にもとづいて、表現を洗練、修正するのが推敲である。自分ではなかなかきまりがつけられない場合、もとの事情を知らない第三者が推敲に適していることを示す。しかし、然るべき、助言者や指導者が得られないことが多く、推敲は作者、筆者自ら行なうのが普通になった。はっきり、第三者の手による改修は、添削として区別される。

書き上げたばかりの文章を、直後に読み返したのではよい推敲にはならない。しばらく忘れる。風を入れる。寝かせるのが推敲の条件であるが、一般にはよく理解されない。ことに、俳句とか短歌のような短い表現では、わざわざ寝かせるまでもないと考えられるのか、概して推敲が浅くなりがちである。俳句の吟行で得た句を、すぐあとの句会で披露するなどというのでは推敲の風を入れるのは難しい。次の吟行の日まで寝かせておくのが知恵である。

アメリカのアーネスト・ヘミングウェイは簡潔な文体によっても注目された小説家

であるが、ちょっと変った原稿の仕上げをしていた。

作品を書き上げると、それを、銀行の貸金庫へ入れてしまう。手もとに置けば、ひょっとすると読み返したくなるかも知れないけれども、貸金庫では、おいそれと出してくることはできない。つまり、原稿を寝かせることになる。作者は、しばし忘れることができる。ある期間がたったら、貸金庫の原稿をとり出してきて推敲を試みる。それで納得がいけば活字にする手筈をととのえる。もし、意に満たなければ、また、貸金庫へ寝に帰すのである。こうして、冬眠中の原稿は、少しずつ増えていった。

不慮の死をとげたヘミングウェイは貸金庫に大型トランク二つ分だかの未発表原稿があったと伝えられる。出版社はほうってはおかない。ヘミングウェイの作品である。出して売れないわけがない、というので、何冊かが出版されたが結果はあまり芳しくなかったから、たちまち続かなくなった。やはり作者がまだ納得しなかったものである。出版するのは故人の心にもそむくことになるのである。

われわれは気軽に、考えた、考えた、と言うけれども、その初考は、なお、生々しく、不純なものを含んでいる。しばらくして、つまり風を入れてから、もう一度、考えなおす。再考である。多くはここどまりだが、念の入った推敲を試みるなら、三考が必要になる。それほど考えるのは例外的で、四考、五考というのは、ことばすら存在しない。風を入れることが洗練化の必須の条件であるとするならば、当然、多考がもっと行なわれてしかるべきであるように思われる。

これまでの推敲は、せいぜい再考どまり、ひどいときは、初考そのままをほうり出すことすらある。

時間をかけるのは、忘却の働きを促すということである。忘却は不要、不純、よけいなものを洗い落して、純化、昇華させるかけがえのない作用をもっている。これまで、この忘却の積極的はたらきが、ほとんど注意されなかったのは、まことに不思議である。忘却は、気づかれることもなく、黙々とはたらいている。

カタルシスは忘却

映画のあとで

こどものころ、映画を見て、映画館の外へ出るとき、いつも異様な気分におそわれた。入るときは陽も高かったのに、出てみればすでに夜、街灯が光っている。映画の世界からこの街の中へ投げ出されたようで、正直に言って愉快ではない。見る映画にもよるが、たいてい一種のカルチャーショックに見舞われた。それがわずらわしくて、映画館から足が遠のいたような気がする。

映画を見ていて、その間、現実は停止、あるいは消失している。見終って、もとの現実世界へ戻るのではなく、映画の時間だけ変化した世界の中へ投げ出されて、衝撃をうける。

夢中になって映画を見ているうちに、その前のことをすっぽり忘れてしまっているのであろう。そのあとで、すっかり変った現実に戻って、一種、幻滅を覚える。それが快いと感じる人もあるだろうが、私にはネガティヴであった。しかし、映画を見ているうちに、それまでのことをかなり多く忘れていることはたしかである。〝われを忘れて〟見るというが、映画には、そういう〝忘れさせる〟力があるようで、芝居でも同じはずだが、どうも映画の方に幻滅感がつよいように思われる。

夢中の状態は時間を短縮するようである。たのしいことは長い間つづいていても、あっという間のような感じを受ける。よけいなものを忘失して愉快なもののみ凝集すると、時は収縮する。

前にも述べたが、浦島太郎が竜宮にいたのはほんの一時のように思っていたが、古里へ帰ってきてみると古里は様変わりしていた。長い歳月が流れていたことを思い知らされる。至楽と忘却の仕業であると考えられる。玉手箱を開けるとたちまちおじいさんになった浦島太郎は忘れていた時を思い出したのである。夢中、時を忘れ、われを忘れていれば、いつまでも年をとらない。

そういう忘我、夢中の状態にしてくれるものが、そんなにころがっているわけがない。人為によって、見るものに、われを忘れ、時のたつのも気づかないようにさせるものが考え出された。ドラマ、演劇である。

現実らしく見えても、その実は夢の中に似ている演劇は明らかにフィクションである。見る人にとっておもしろいのは、自分をとりまく世界をひと時離脱し、別世界へ入るからである。芝居の中へ没入するとおのずから、現世が忘れられる。

演劇を見終ったあと、人はある清々しさ、心が洗われたような気持ちになる。つまり、心の中を整理、きれいにしてもらうのである。演劇は、ただ見ておもしろい、ということのほかに、見る人の心理に高揚感、緊張感などを引きおこしていると思われる。それが演劇へ転移される。

ギリシャの哲学者プラトンは、演劇の意義を認めず、芝居をつくる詩人を、彼の考えた理想社会、〝共和国〟に入れることを拒んだ。演劇の人間性を否定したも同然であるが、演劇はそれくらいのことで崩壊したりはしない。

プラトンについであらわれたアリストテレスは、演劇、フィクションを弁護し、その論拠をカタルシス説においた。

悲劇を見ると、人は内にかかえている鬱積した情緒を解放し、それによって、精神を浄化するというのがカタルシスである。

ドラマ・祭り、スポーツのカタルシス効果

人は生きている間に、知らず知らずのうちに望ましくない情緒、記憶などをため込んでいる。みずからの意志の力で放出することが難しくて蓄積するのである。それを同類の情緒をもっている仮空のドラマによって、引き出し、洗い出す、つまり、忘れる。それで、あと、気分が晴れ晴れ、清々しく、生気が高まる。そういうのがカタルシスである。カタルシスには、下剤によって腸内のものを排出する意味もあるが、心に付着したものをはがし、処理するのは、忘却の一種である。

カタルシスは忘却の一態であると考えられるが、きわめて古くから、忘却の心理的・社会的効用は認められていたことになる。

ドラマでなくとも、カタルシス効果のあることはいくらもある。祭りもそうである。ドラマは他人が演じるのを見て、カタルシスをおこすのであるが、祭典は、参加して、われを忘れるのだからいっそう原初的である。いくら古い時代でも人間のいるところにはかならず、祭りがある。人々はそれによって、めいめいカタルシスをおこし、精神を浄化、活力を増進させられることを、為政者たちはいち早く発見していたのである。祭りはいくらかの反社会性をはらんでいるけれども、それは社会の安定を高めるために有用である。毒をもって毒を制する知恵としてよい。

ストレスをとりのぞくには、小さなストレス、ワクチンのようなものを与えるという考えはかなり高度である。

スポーツをするのもカタルシス効果はあるが、ただ、見るだけでも、しているような錯覚をもつ。マラソンのレースをテレビで一部始終見ていると、多少、運動の心得のある人なら、あとで脚腰の疲れを覚えることがあっても不思議ではない。

そうでなくても、苦しそうに走っているランナーを見ていると、名状しがたい感動を覚えたり、高揚を覚える。このごろの若い人は、それを「元気をもらった」というが、実はもらったのではなく、自分で元気を出すのである。ポイントは、見ているマラソンならマラソンによって、自分の心の中にわだかまっているものを排出してしまい、潑溂たる気分にするということだ。

毒を毒で制す

このように考えてくれば、新聞やテレビのニュースだって、カタルシスをおこすことができることに思い至る。

凶悪な犯罪を報ずるニュース自体にはなんらポジティヴな意義はないように思われるが、読者にカタルシスを引きおこすことによって読者の心を洗い、読者のもっているストレスを解消することはできる。おもしろいことに、カタルシス効果においては、美談、あるいはサクセス・ストーリーのようなものは、凶悪、悲惨なニュースに及ばない。同類だからこそ毒を毒で制するようにしたときカタルシス効果が大きい。マスコミはひどいニュースばかりをとりあげようとしているかに見えるが、カタルシスを求める読者が無意識のうちに、ネガティヴなものを欲していて、それに対応しているにすぎない。

演劇からニュースまでのカタルシスは、いわば、受動的カタルシスである。ほかのもの、ほかの人のことを見て、知って、自分のカタルシスを発動する。そこからいろいろな娯楽が生まれる。

それとは別に、ポジティヴな、能動的カタルシスがある。自分の力で、自分の中にある望ましくないものを排出、排除して、浄化するのである。

他人の走っているのを見て感心するのではなく、自分で走る。テレビでスポーツを見るよりはるかに、強烈な浄化が得られる。試合をして敗ければ、勝ったとき以上の浄化作用がおこる。スポーツで人格を涵養することができるのは、この能動的カタルシスによると考えられる。

カタルシスは、不要、有害な感情、情緒を排出することで、まさに忘却の作用であると言ってよい。忘却が嫌われてきたために、カタルシスが考えられなければならなかったのである。

スクリーニングが個性を作る

始末の悪い忘却

記憶は主として自覚的、意志的で、覚えようとしてかかる。ときには無意識に記憶してしまうこともないではないけれども、たいていは、その気になって記憶する。それなのに覚えていられない、記憶ができないと弱音をはくのが人間である。

それに対して、忘却は多くが自動的で無自覚的である。忘れようと思わなくても、時がたてばたいていのことは忘れられる。忘れまいとしても忘れてしまうし、忘れたいと思っても思うように忘れられないことも少なくない。

忘却は記憶よりも始末が悪く、思うようにならない。自然に、必然的、本人が望むと望まないとを問わず、勝手にどんどん忘れるようになっている。ということは、記憶より忘却の方が人間にとって重大なものだということになる。うっかりしていても、忘却はおこる。もし、努力によってのみ忘却がおこるとすれば、うっかりしなければ、忘却はおこらなくなり、重大な支障をきたすおそれが大きい。そうならないために、自然忘却がしっかりしていなくてはならない。自然忘却ができるようになっているのは、きわめて重要な作用だからなのだ。

これまで、記憶が有意識的であるために、自動的に進められている忘却より重要であると考えられた。古来、記憶の学説、研究はおびただしくあるのに、忘却のことはまるで忘れられたかのように、専門家の注意をひくことも稀であった。忘却の不幸である。

レム睡眠と忘却

自然忘却は四六時中、進行していると考えられるが、やはり、時間を選ぶようで、夜、就眠してからがもっとも活発な作動が見られる。覚醒時は外からの刺激、情報が入ってきて、忙しい。その間をぬって忘却されることもあるが、多くはインプットの止まる夜、眠りについてからである。

人間は眠りに入ってしばらくすると、レム睡眠に入る。レム（Rapid Eye Movement : REM）とは急速眼球運動ということである。目ぶたがピクピク動くのでそれとわかる。浅い眠りの状態にあるとされ、脳波は覚醒時と同じような型を示す。このとき夢を見ていることが多いとされる。一夜に、四回ないし五回おこっているとされているが、くわしいことはよくわからない。

忘却もレム睡眠の間に行なわれていると思われる。一回だけでなく何度もおこっているレム睡眠が忘却ととくに深い関係があると考えられる。

その忘却であるが、一様に忘れるのではなく、本人の自覚しない選択スクリーニングが働いているものと想像される。このスクリーンは、関心、興味、利害、快不快などが複雑にからみ合った組織で、もちろん、個人によって大きく性格を異にする。同じことを経験しているのに、人によって記憶が大きく異なるのも、このスクリーニングが違うからである。

一度のふるいでは、充分、記憶が除去されないから、何度もスクリーニングを繰り返しているのであろう。レム睡眠が、だれにも四回、五回と一夜の間に繰り返されるというのは、それだけ念入りの作業が求められているのであろう。

レム睡眠のことはよくわかっていないようである。専門家の研究は進んでいるのかもしれないが、われわれの知るところではない。夢を見ているらしい、といわれるが、忘却を進めているというはっきりした説は見当らなかった。

そこで、私なりの推論をすることにしたい。

レム睡眠は、前にもちょっと言及したけれども、ゴミ出しになぞらえられる。頭へ入ってくる情報、刺激、感覚はおびただしく、その多くが記憶化されて頭の中にとどまっている。眠りとともに、その蓄積記憶の仕分けが始まる。やみくもに頭にあるものを掃きすてるのではない。関心・興味のネットワークをくぐらせる。保留の価値ありとされたものは、より深い層へ送られる。

一度だけでは完了しないから、しばらくしてまた、スクリーニングの仕分けが行なわれる。これを四度、五度繰り返すのだから、相当、ていねいなゴミ出しである。

その日、AがBに会って、ちょっとした約束をしたとする。AがBを大切だと思っていないと、その約束は、レム睡眠の関所を越えられないで、ゴミになって消去されるかもしれない。逆に、Aが本当につよい関心などをいだいていると、どんな些細なことでも忘れない。これを利用して、相手の心を推測することができる。どうでもいい小さな約束をする。一週間しても、しっかり心にとめていたら、相手は自分を重視してくれていると考えてよい。もし忘れているようだったら、口でどう言っても、心ではそう思っていないことになる。

「そのうち、一度、ご馳走します」などと言うが、言った本人は忘れるともなく忘れることが多い。ところが、言われた方はまず忘れないから、いつまでたってもご馳走してくれないと、あの人は口先ばかりで、実がない、と思われることになる。それが、当っていることが多い。うれしいこと、おもしろいことはレムのスクリーンをかいくぐり残るのに、それほどありがたくない、多少の責任を感じるようなことは、忘れられやすいのである。このゴミ出しは無意識に行なわれていて、意志の及ばないことだが、本心には忠実である。

記憶を美化する

フロイトも、いやな思いをいだいている人間の名前ほど忘れやすく、思い出しにくいものだということを言っているが、ここでのべているゴミ出しと矛盾するところはないように思われる。フロイトはまた、人間は快を求め、不快をさけようとする性向があるとのべているが、快適なものが、レム睡眠を通過しやすく、不快の方がより多く廃棄されることを暗示している。

忘却のスクリーンを何度もくぐり抜けた記憶、追憶、思い出が多く甘美であるのは、不快、苦痛を伴なう記憶はいち早く消去されているからである。

問題のおこった時点では決して愉快ではないことも、ゴミ出しでも捨てられずに深い思いの中に入ると、苦しみ痛みの部分は忘れられて、なつかしく思い出される。忘却は、記憶を美化する働きがあるのかもしれない。ごく古い記憶は金色に輝き、ついですこし近いものは銀色、さらに近いものは銅や鉄となるというわれわれの認識も、忘却の与える錯覚にもとづいている。

もっとも、人によっては、常識的にはネガティヴなものを偏愛（？）し、変なものを大切にし普通の人が価値ありとするものを捨てるスクリーニング・ネットワークをもっている人もいると考えられる。常人とちがった心の世界である。天才や変人といわれている人は忘れ方が非凡だったり、変わっていることがある。

体は休んでいても、頭の中は、意外に活動的で、覚醒時にはできないことをして、多忙である。

レム睡眠が何度もあるということは、頭の黒板に書き込まれたことを、何度も消しているようなものである。昼の間にごたごた書き込まれたことが、うそのように消える。とくべつに力をこめて書かれたものが残るのである。

朝、目をさましたとき、われわれは爽快感を覚える。頭の黒板がきれいになっているからである。ゴミの散乱していた部屋が、ゴミ出ししてきれいになっているようなもので、それをひとは清々しいと感じる。

継続の危険性

同じ姿勢を続けると……

「継続は力なり」ということばを使う人が少なくない。かつてより多くなったような気がする。何ごとも好んで始めたら、休まず怠らず続けていれば、やがて上達したり、成就したりするものだという教訓である。続けるのが難しく、中途脱落が多いからそれを戒めたのである。

ただやみくもに続けているだけでは、力にならない。うまく続ける必要がある。

この続ける、というのが問題を含んでいることに気づいていない人がほとんどだと言ってよい。

いたましい継続は、飛行機に乗っておこるエコノミー症候群であろう。ヨーロッパなどへ行くには長時間、座席にしばりつけられているような状態をがまんしなければならない。エコノミー・クラスだといっそう窮屈になる。

これが体にたいへんよくない。ことによっては急死することもある。航空会社もはじめは、まさか座席にじっとしていることが命にかかわる障害をもたらすなどとは考えなかった。犠牲者が出て、ようやく、エコノミー症候群という名もついた。

じっと同じ姿勢を続けるのは、それくらいよくないのである。人間はもともと、たえず、動きまわるようにできている。小さな座席に坐って何時間もじっとしているのは、自然の想定外のことなのであろう。

赤ん坊は寝ているとき、たえず体を動かし寝返りをうつ。若い女性は、そういうのをなんとなく上品でないように考えて、行儀よく、じっと身動きもしないで夜を明かそうとするかもしれないが、やはり赤ちゃん式がよろしい。行儀わるく、バタバタと手足、体を動かす寝方が理にかない、健康的でもある。寝相のよくない人は血栓などによる心疾患をおこすリスクは少ないだろう。とにかく同じ姿勢を長く続けると思わぬ害がある。そういう継続は負の力を生むのである。

偏食のいましめ

先日、家人のための訪問ヘルパーがやって来て、食卓に大きなバナナの房があるのに目をとめて、これを毎日食べるのか、毎日続けざまに食べるのは何とかによくない、ときどき食べるように、と注意したからおどろいた。ほとんど毎日食べていて、体にもよいと思い込んでいたからである。看護師の資格を持っている人だから、素人のようないい加減なことを言うわけがない。毎日食べるのはやめて一日おきにする。これでも多すぎるかもしれないが、かんべんしてもらう。ぶっつづけがいけないのだから、中一日挟めば、害は少なくなるだろうと勝手に解釈したのである。

昔から偏食はいけないと言われてきたが、これも、好き嫌いがあってはいけないように受けとる向きが多いけれども、そうではなくて、好きとなったら、そればかりぶっつづけに食べる、それが悪いのであろう。むりしてでも嫌いなものも食べるに越したことはない。好きなものばかり続けて食べるところに継続の害が発生する。それを未然に防ぐには偏食のいましめが有効である。嫌いなものを食べる努力は悪くないが、好きなものだけ食べるのは嫌いなものを食べないのよりはるかに体によくない。生活習慣病も、あるものを継続的に食べることからおこると見て差支えないだろう。

継続しなければ、一度や二度、悪いものを食べても、すぐ重大な疾患をおこすほど、われわれの体はヤワに出来ていない。反面、さほど悪くないことでも、継続していると大きな障害をひきおこす怖れが大きい。継続は力なりが真であれば、逆も真で、継続は悪の力なりとなることも認めなくてはいけない。

ある種の腫瘍を患らうと、ドクターから同じ姿勢をとりつづけないようにという注意を受ける。なるべく頻繁に席を立ち、歩きまわったりするのがよいらしい。じっと座ったままでいるとエコノミー症候群に近いことがおこるのかもしれない。どっしり構えて泰然としているのは、健康上はよろしくなく、小ものよろしく、チョロチョロするのが体によいのである。

石の上にも三年と考える社会は、不動の継続を信じ、転がる石に苔はつかない、といって動きまわるのを白眼視するが、長い間、動かずにいれば、健康を損うこと必定である。

集中講義は非能率

ここまではフィジカルな継続のマイナスであるが、似たことはメンタルな面にも認められるように思われる。やはりぶっつづけはよろしくない。

大学、とくに地方大学では、集中講義を開くところが少なくない。専任に担当できるものがないとき、よそから適任者を招いて、長い休みの始まる前に、一週間ぶっつづけの講義をする。

同じ受講学生に、月曜から土曜まで、午前に二コマ、午後一コマの講義をびっしり詰め込む。水曜日くらいになると、講師も学生も倦怠がひどくなる。規則ではいけないことになっているが、水曜日の午後は休講ということにし、その大学の人が案内して、ドライヴに出かけたりする。

講師も学生も、そこで一息ついて、土曜までこぎつけるというわけである。若い人でないと集中講義はできない。体が言うことをきいてくれないのである。毎日、朝から午後まで、同じ講義を続けるのは非人間的である。当然、効果はあがらない。集中講義ですばらしい授業があったら例外的だし、大きな知的刺激を受ける学生もほとんどないはずである。

大学の授業は週一回と決ったものである。よほど熱心な学生でも、先週の授業のかなりの部分は忘れている。ひどいのになると、まるきり忘れてしまっていることもある。それを非能率的だと考えるのは、勉学というものを知らない人で、喜んで集中講義をするだろう。

一週間して、かなり多くのことを忘れて、新しい授業を受けるのが、よい学習になる。忘れているのがよいのである。集中講義は忘れるヒマもないから、あと何も残らない。

一週間前のことを忘れるといっても、百パーセント忘れるわけでは、もちろん、ない。興味をもったところは、自覚はなくてもちゃんと記憶しているもので、実は、その忘れなかったことが、その人の学習の実績なのである。すべてを学びとるなどということはそもそもできるわけがない。忘れて忘れ切れなかったのが、その人の得たものになる。

その忘れる時間が必要である。

生真面目な教師は、しかつめらしい顔をして勉強の話ばかりしている。じっと座ってきいている方は、すべてを受け入れてはいない。自然の要請に素直な学生は、ここでひと休みと、うたた寝をする。しばしして目ざめれば気分爽快、好奇心満々となって多くのことを学ぶことができる。ひょっとして黙々としてノートをとっているものより多くのことを学ぶかもしれない。

あまり真面目でない教師は、学生が退屈する前に自分自身、飽きて脱線、とんでもない余計なおしゃべりをする。教師は見ちがえるように生き生きと、ほとんどわれを忘れ、授業のことも忘れて、脱線のレールの上を走りつづけて止まることを知らない。やがてその時間は終り、となる。

そういうひどい授業を受けた学生が何十年ぶりかに旧師に会って言う。何の講義であったか、題目も覚えていませんが、脱線の話はいまも思い出します、などと言う。論語にいわく「学びて時に之を習う、また、説《よろこば》しからずや」と。やはり、休みなく続けるのではなく、休み休み、忘れ忘れ、しながらゆっくり勉強しなさい、と解することもできる。

学校でなくても、ぶっつづけ、年中無休というのが、案外、非能率であることに気づいて、週一回の休みをとることを考えた。それほどのゆとりのない社会でも、盆と正月は休んだ。ときには、お祭りをして、どんちゃん騒ぎをする。日ごろ息もつかず働いている人がそれでどれだけ活気をとり戻すかしれない。日ごろ鬱積しているものをお祭り騒ぎで吹きとばせば、ひとりひとり気分清朗になるだけではなく、世の中全体が明るく平和になる。古くからどこの国でも祭りというものがあるわけだ。

継続は力なり。息抜きのない継続はときに危険なり。間歇的継続こそ真に力なり、である。

同じところにじっとしていると気分がふさいでくる。気晴らしが必要になって旅に出る。昔から旅に特別な人生的意味を見出す人が少なくなかったが、住みなれたところのもっている雰囲気をふり払うのに新しい土地にふれるのは効果的だろう。

もの書きが、うちにりっぱな書斎があるのに、よそへ行って原稿を書くと能率が上がると言うのも、気のせいだけではないだろう。

ある種の病気をしている人に、転地が療法になるのも、生活の連続を断ち切り、そこから離脱するのが、よい作用を及ぼすのを見越しているのである。

解釈の味方

雑念を払う

大事な用件を電話で伝え、即答を求める人がいる。受けた方も経験が乏しいと、なんとしても即答しないといけないように思って、よく考えもしないで、返事をしてしまうことがある。しばらくすると、しまった、早まった、と思うが、取消しの電話をするのもはばかられる。ぐずぐずしているうちに、具体的に処理しなくてはならなくなって、苦労する。こういうことが何度かあると、電話の返事に慎重になる。心ある人は、熟慮を要するようなことは電話で伝えることを控える。手紙で書けば、相手にはたっぷり考える時間がある。

といって、ずっと、その問題を考えつめるというようなことはない。しようと思ってもそんなことは出来るわけがない。あれこれほかのこともしなくてはならないから、自然に時間が経つ。

それが、考えをまとめるのにはよいのである。ほかのことに気をとられて、時が経っていくうちに、余計なことはどんどん消えて、忘れていって、頭にかかっていた雲がはれるように、問題の本質がはっきり見えるようになる。忘却の力で、頭が整理され、したがって、自由に、適当な判断ができるというわけである。

良心的、というか、気の小さい人は、ほかのことにかかずらうのは不純といわんばかりに、一心不乱でその問題だけを考えつめるかもしれない。しかし、これは誤っている。そういう熟慮の結果は、しばしば即答とあまり変るところがない。休みなく考え続けていては、雑念を払うことができない。ごたごたした頭はとかく枝葉にとらわれて、根幹が見えなくなっていることが多い。

沈思黙考はしばしば新しい雑念を呼びこんで、頭がかえって混乱することになったりする。思い切って、ひと時、問題をわすれて、ほかのことをしていると、案外、よくわかってくる。気分転換も有効だから、小旅行をしたり、用のない知り合いと食事をしておしゃべりをするのも、効果的である。そのとき、懸案の問題について相談するようなことをするのは賢明ではない。浮世ばなれした四方山話がよろしい。あとは気分がさっぱりして、問題が別の角度から考えられるようになっている。

外国のバイヤーがぼやくそうである。日本の企業との商談はとにかく時間がかかって閉口する。直接、商売とは関係のない宴席で接待される。それも一度ではなく、二度、三度と繰り返されて非能率的である。もっとビジネスライクにしたらどうか、と言うのである。

これは外国人の誤解である。日本人はだてに時間とカネをかけて飲み食いをさせているのではなく、その間に、問題を吟味し、要点が洗い出されるのを待っているのである。時間をかけるのは、頭を整理し、判断を誤らないようにする準備期間であって、決してムダな遊びをしているのではない。日本的熟慮のひとつのスタイルで、これが、よい結果を生んだという経験律によって習慣化したもので、決して時代おくれではない。熟慮の結果の判断には大きなミスが少ない。

アメリカでは、感情が高まったときの手紙は書いてすぐ投函してはいけないと教わる。ひと晩、寝かせて、翌朝、見返す。それでよしとなれば出してもいいが、しばしば、気が変わっている。このままではいけない、と書き直すかもしれないし、そもそもこの手紙は出してはいけない、というような気持ちになることもある、というわけである。

ひと晩はダテではない。そこで、当面の気持ち、感情などを忘れる。朝の頭でみればなんと雑然として見ぐるしいかが、はっきり見える。別に熟慮しなくても、妥当な判断をする頭になっているのは、とくべつの知恵がわいたわけではない。余計なものは消えているのである。

アルファー読み、ベーター読み

文章のことに移る。

お互いにふだんは、ほとんど特別に意識もしないで読んでいる。文字を追って眼を走らせていれば、おのずから、わかる。直読直解である。そういう読み方しか知らないで一生すごす人もいないわけではないが、すこし教育を受けた人は、一度ざっと読んだだけではわからない文章のあることを知っており、そういうものを読まなければいけないのだということも弁えている。

直読直解の読みをかりにアルファー読みとすれば、意味のはっきりしないものを読むのはベーター読みとなる。

小学校の国語で教わるのは大体がアルファー読みである。そのアルファー読みだけでは未知のこと、新しいことを含んだ文章には歯が立たない。アルファー読みからベーター読みへ切りかえなくてはならないのだが、これが容易ではないから、わかってもわからなくても、アルファー読みで通さざるを得ない人が、実際にはたくさんいる。

これは日本だけの問題ではなく、各国のかかえている問題にならない問題である。文章を理解するのが読者であるとすれば、アルファー読者は半読者ということになる。アルファー読みは、文章の意味内容を読む側のもっている既知と符合させられれば、わかったことになる。再認である。他方、ベーター読みは、読む側が予めもっている知見を超えたコンテンツであるから、認知はできない。想像をはたらかせ、洞察する読み方になる。これが、アルファー読みに慣れた頭にとって容易でない知的作業であって、学校教育の手には余るのが実情である。読者といっても半読者がきわめて多い。

未知の内容の表現を理解するには母国語の読者は適していない。直読直解が当り前と思っている人間に、想像力、洞察、判断力をはたらかせて読めと言ってみても徹底しない。ベーター読みは解釈によって可能になるが、母国語を解釈するのは、外国語より格段に難しい。古くから、ここでいうベーター読み、解釈読みが、古典語、外国語によって鍛えられてきたことは偶然ではあるまい。わが国で言えば、昔の漢文、明治以後は外国語の学習によって解釈読みを学んできた。外国語は初心者にとっては未知の塊りのようなものだから、未知を読むベーター読みにとって、最高のテクストとなる。

読書百遍の意味

かつての漢文の学習は素読という独自の方法によった。先生や師匠が音読するのを弟子がその通り誦する。つぎの章句も同じように師の音読に弟子は口真似するだけである。意味の説明をしないまま進むのである。いまからすると、ずいぶん乱暴な教授法であるが、効果的であったのであろう、批判されることなく、明治の初年までは続いた。意味は教えてもらえないが、習った方で、いつとはなしに、自分なりの意味をつくって納得する。もちろん、昨日習ったところが今日わかるというわけにはいかない。何年もして、ようやく、おぼろげな意味を頭に描くようになる。やがてその文章をまた繰り返して読む。すると前の意味の大本は覚えているが、枝葉は忘れ、自分なりの理解と忘却、また理解と忘却を繰り返して、だんだん理解がはっきりするようになる。教えられるのではなく、自分で考え出した意味である。その間、忘却は表には立たないが、大きなはたらきをする。こうして得られた理解は磐石の強さをもっていて、その人間の精神を支える。この読み方を昔の人は、「読書百遍、意おのずから通ず」と言った。ふつう、百回、つまり何度も読むという点が注目されるけれども、一回一回の間に、空白の時間のあることは注意されない。その空白は頭の整理をする忘却のためにあるのだ。立て続けに何回も読んだのでは、「意おのずから通ず」とはならない。休み休み反復によって、頭は教えられないことを発見する。

母国語では読書百遍によって自分の意味を創り上げるのがむしろ難しい。すっかりなれ親しんでしまっていることばである、百回はおろか、五回、十回読み返すのも容易ではない。したがって、忘却によって純化された意味を見つけて感銘を受けることは、漢文などに比べても少ないように思われる。未知のことを読みとる能力を養うには、母国語が必ずしも有効ではないのである。

慣れないうちは、外国語の文章を一度読んで、その場でわかる直読直解は困難で、戻って同じところをもう一度読む、何度もそうする。途中、あるいははじめのところで辞書を引くかもしれないが、辞書の示している意味は複数であることが多く、そのうちのどれがこのコンテクストに適合するかを判断するにはかなりの語学力を要する。

それほどの学力のないものは、同じところを何度も吟味して、だんだん自分なりの意味に近づいていく。解釈である。母国語の平易な文章には解釈の余地がなく、さっさとわかってしまう、あるいはわかったという気になる。外国語では、いつまでたっても、これだと自信のもてる意味に届かないことが多い。解釈というのは暗号解読に似ていると考える人もあるが、解釈の上手な人は何度も意味をとる試みを繰り返し、すこしずつ意味を正すことができる。大事なところは心に留め、必要でないところは捨てて忘れるのが肝要だが、これをほとんど無意識のうちにおこなっている。そこではたらく忘却作用は隠微であってとらえにくい。解釈に当って、そのことを自覚するのはむしろ例外的である。そして、そのため、つまり、忘却作用のはたらきを無視するから、豊かな解釈、おもしろい解釈に達しないことが少なくない。

語学の教師は、たいてい、前日の夜になってから下調べをする。すらすらとわかってしまうテクストなら苦労しないかわりに、教え甲斐も少ない。難しいところがわかると、いい気持ちで、翌日の授業が待ち遠しいようになることもある。

ところが、ときとして、どうしてもわからないところが出てくる。あれこれ辞書をひく。註釈を何度も見返すが、わからないところはわからない。だんだん夜もふけると、あせる気持ちになる。明日の教室で、ここをどうとりつくろうかと考える。いっそのこと、わからなかったと、謝ってしまおうか、いや、それじゃ教師の沽券にかかわる、と思いながら、とにかく寝ようとなる。

翌朝になって、念のためゆうべてこずったところを復習すると、どうだ、さらりとわかるではないか。どうして、昨夜あんなに苦労したのかがわからぬほどである。ひと晩寝ている間にはたらいたのは認知の頭ではなく忘却の頭である。忘却が、理解のじゃましていたところを片付けてくれたおかげで、目が覚めてみれば、難なく求めていた意味が目に入るようになったのである。イギリスの小説家、ウォルター・スコットが「明朝になれば片付いているよ」という意味のことを言ったのは、このことか、と納得する。

もっとも、そううまくはいかないこともないではない。朝になってもダメなら本当にダメである。ともかく教室へ行く、おそるおそる問題のところへさしかかる。わからないだろう、と思って読んでいくと忽然と、わかってしまう。びっくりするが、面には出せないから、ひとり神に感謝したい気持ちになるが、感謝しなくてはいけないのは、忘却力に対してであろう。新しい知識は何ひとつ加わっていないのに、不可解だったところが理解できる。悪さをしていた部分をほんの短い間に切り捨ててしまい、それで全体が見えるようになったと想像される。

年季を入れた教師は、毎年同じテクストを使うことが多い。下調べをしなくてすむから横着をしているのだと悪く言われることがあるが、かならずしもそうとばかりは限らない。一年、風を入れると、問題の箇所がいっそうよくわかるようになっている。それがおもしろくて、年々歳々、きまったテクストを使う。気づいてはいないが、忘却を利用して、読書百遍の域に近づくことができるのである。

一般に解釈は、知識、認知の問題と考えられているけれども、案外、忘却が大きなはたらきをしていると思われる。忘れるのは時間の経過による現象であるから、解釈には時間がかかるということ。直読直解が解釈と関わりのないのは言うまでもないが、新しい解釈が古い解釈よりもすぐれているのは、それだけ忘却作用を多く受けているからだということになる。

III

よく遊びよく学べ

遊ばない子はバカになる？

昔の小学校には校訓というのがあった。もっとも多かったのは、

よく学びよく遊べ

である。これなら一年生でもわかる。ただ、二、三年生くらいになると、疑問をいだくようになる。学校だから、よく学べ、よく勉強せよ、と言うのは、よくわかる。し

かし、なぜ、よく遊べ、なのか。はっきりしない。遊ぶのなら、うちで遊びほうけている。農村では、遊んでいないで勉強しろと言う親はいないが、もっと遊べなどと言う親もいない。学校の教えるよく遊べのよくにとくべつなわけがあるのか。そんなマセたことを考えるこどもはいない。

こどもに質問されたら、まっとうに答えられる先生もいなかったにちがいない。先生自身、なぜ、遊びを奨励しなくてはならないのか、考えたこともないだろう。ただ、きまり文句だから、わけもわからず、そう言っているだけ。深く考えていては教師は務まらない。

イギリスにも同じようなことを考えた人たちがいたのだろう。

勉強ばかりで遊ばない子はバカになる。
(All work and no play makes Jack a dull boy.)

という有名なことわざがある。イギリスでもいささか扱いかねたらしく、意味が分れている。遊んでばかりいる子が口実に使ったりする。どうして勉強ばかりしていると、バカになるのか、わかりにくいのである。

勉強しているとバカになるのではなく、勉強のしすぎ、休みもなく勉強すると、かえって頭が悪くなるというのであって、決して逆説ではない。

日本の「よく学びよく遊べ」は、ひょっとすると、このイギリスのことわざの翻案かもしれない。もしそうなら、りっぱな借用である。「ジャックがバカになる」などという不細工なことわざを、簡潔な形にしたのは手柄である。

勉強はいくらしてもいいが、休まないと、よくない、というところに目をつけたのは、するどい洞察である。ぶっつづけ、休まず仕事をするのを勤勉、努力だとする考えに対して、はたらくだけでなくて、休息が必要であるというのは実生活で得られた知恵であろう。職人はそれによって仕事をするから、ときどき仕事を休んでは〝お茶〟にする。朝から昼、昼から夕方まで休まず仕事をする事務の人はどうして職人がよく休憩するのか不思議がる。学校の授業は、職人の仕事からはさらに遠いから、仕事は休み休みするものだということがわかるのに時間がかかる。多くの教師、生徒が、できることなら、不休の勉強が望ましいと考えていると思われる。〝よく学びよく遊べ〟はたんなるお題目になってしまうのも止むを得ない。

ところが、実際には、学校は〝よく学びよく遊べ〟を実践している。授業のあと、かならず、休み時間がある。こどもは、外へ出て飛びまわり、さっき受けた授業はどこかへ消えてしまう。次の授業の始まるときはすっかり気分が変っていて、きれいな頭である。

小学校では稀だが、中学、高校になると、休み時間にすんだ授業のノートなどを整理したりする〝変ったの〟がたまにはいる。遊ばないのだ。普通の子はすこし劣等感をいだかせられて、〝よく学びよく遊べ〟だから、遊ばなくちゃいけない、という理屈をつけて、そういう勉強家を冷やかに見る。

そういう普通の子が〝正しい〟のである。休み時間は休まなくてはいけない。疲れをとるためではない。頭を整理するのに、前の時間の勉強を適当に忘れる必要がある。十分間位で頭が整理できるかどうかは疑問だが、忙しい学校だから、ゆっくり〝お茶〟にするなどという真似はできない。

〝よく学びよく遊べ〟は学習法として妥当であるが、遊ぶのを、疲労回復のためと考えたのは短慮である。疲れをとるのではなく、混乱した頭を沈静、整理するため、言いかえれば、〝忘れる〟ために〝遊ぶ〟。つまり勉強と逆のことをするのが有効だという点が見落されてはならない。

そうだとすると〝よく学びよく遊べ〟の順がおかしいことになる。これでは逆で、まずよく遊び、頭の中をからっぽ、あるいは、よく整理された状態にするのが先である。まず、忘れる。そしてきれいになった頭でよく学ぶ。こうして覚えたことはよくわかるはず。われわれはまず、記憶し、それから忘れる、の順になるのが道理にかなっていると考えがちだが、実は、〝よく遊びよく学べ〟という方が理にかなっているのだ。

〝遊ぶ〟というのは〝学ぶ〟のアンチテーゼであるから、学習と逆のことをすればいいわけで、どんちゃん騒ぎ、遊びほうけることではない。体を動かすことが、気分を一新し、頭脳を清明にするから、遊びはエクササイズのすすめである。教育者に限らず、われわれは正直で、常識的だから、体を動かすことは頭の働きとは無関係だと考える傾向がある。

休み時間、じっとしていてはいけない、走りまわったり、とんだりはねたりするのが、勉強のためにも効果的である、という指導をする学校はないだろう。だいいちいままでは、〝よく学びよく遊べ〟という校訓さえある学校はないだろう。

まず休むことから

勉強したら休み時間をとる、のでは順序が逆で、まず休んで、頭の中をきれいに、いくらかハングリーの状態にしておいてから勉強にする。おいしい勉強なんてあるものではないが、ハングリーなら、まずいものは少なくなる。ハングリーになるには腹にたまっているものを排泄すること、つまり、忘却をはたらかすことが不可欠である。

そうなると、まず忘却、そして記憶、忘却してから記憶という順序になる。つねに、忘却が先行しているのが望ましい。人間はながい間、まず、とり入れてひと休み、余計なものを捨てて忘れ、つぎにとりかかるのが順当であるように考えてきたが、残念ながら、一コマズレている。忘却から記憶、忘却から記憶というようにすれば、われわれの頭はずいぶん能力が高まるだろう。

忘却先行、記憶随行が認められないできたのは、忘却への偏見のためである。ことに学校教育では、〝忘れるな〟〝忘れてはいけない〟と言い、忘れ方をチェックするために試験を行なう。忘れっぽいほど試験の点数がよくないから、忘却は勉強の敵になってしまう。しかし、実際は、不必要な記憶などを処理、廃棄、整理して、頭の黒板をきれいにしておかないと、学習という記憶の活動はうまくいかない。われわれの頭の黒板は、つねにいっぱい書き込みのある黒板のようなものである。それをそのままにして、新たなことを書き入れようとしても、場所もない。そういう状態で勉強を始めても身につくわけがない。

いつだって、われわれの頭は、たくさんの書き込みがいっぱい、あるいは、ごたごたしている。ことの始めには、まず、これを忘却、すなわち、拭いてきれいにするのが是非とも必要である。

〝よく遊びよく学べ〟つまり〝よく忘れ、よく覚えよ〟は、遊び・忘却と、学び・記憶の順が入れ替っただけではないかと考える人がいるだろうが、忘却から始まるか、記憶から始まるか、たいへん大きな違いである。

一夜漬けの功罪

試験で良い点をとるには

学校は勉強せよとは言うが、どういう風に勉強したらよいのかを教えることは少ない。小学生は、やみくもに教科書を読み覚えればいい、と思っているから、勉強の仕方に関心をもつ子はかつてほとんどいなかった。いまはすこし事情がちがうかもしれないが、自覚的学習が行なわれていないのは、昔とあまり変わりがないようである。

中学生になると、試験の点数が気になって、試験勉強をするようになる。これも教えてくれるものもいないから、我流か、まわりの者のしていることの見よう見真似である。

気が小さいというか心掛けのよいのは、一週間とか十日も前から試験勉強を始めるが、たいていは、翌日の試験科目の勉強を夜になって手をつける。終るのは夜中をすぎる。朝は重い頭をかかえて試験を受ける。これではうまくいかないことが多いにきまっている。

「日ごろから勉強していれば、試験直前になってからあわてることはない。ふだんの勉強が大切で、復習をきちんとしていれば、一夜漬けの勉強などしなくていい」

自分だって一夜漬けをしていたくせに、いい具合に昔のことを忘れた教師が、そんなキレイごとを言うけれども、信用する生徒は限られる。

いくら、普段勉強していても、直前の試験勉強をしないと、よい点はとれない。前に習った事柄の方が、時がたっているから消えたり、変形したりする、それを頼りに答案を書けば、間違いが多くなる。一夜漬けは忘れるヒマもないから、覚えたことは頭に残っていて、役に立つ。そういうことを、すこしものを考えるこどもは、自然に〝発見〟する。教師の忠告など聴くものではない。一夜漬け勉強の信者はどんどん広がる。

食事をすると眠気をもよおすから、一夜漬けの晩は食事をとらないのが賢明だが、腹がへっては戦さはできぬ、とばかり、大飯を平らげる者もあるが、みすみす頭を悪くしているようなものである。そんなことを心配する家庭は、かつてはなかった。〝親が死んでも食休み〟ということわざは知っていても、わが子の一夜漬け勉強にそれを援用して、学習効果を高めようと考える家庭は、かつては、まずいなかった。教育熱心ないまの親たちも、その配慮に欠けていることが少なくない。

一夜漬けを始めると、早々、疲れが出る。それに敗けてはいけないと、自分を戒めて頑張る。

とうとう耐えられなくなって、ちょっと横になり、一服する。すると、いつもは目もくれないような難解な本が、妙におもしろそうに見える。手にとって、ちょっとのつもりでのぞいてみると、これがおもしろい。ついやめられず、読みふけって時間をムダにしてあわてる。そういう経験をする一夜漬けが、実にたくさんあったのであるが、その意味を考えることはなかった。

おもしろくないシンポジウム

道草を食うのは、つめてどんどん進んではいけないという生理的欲求によるものであろうと思われる。休みなく知識を記憶していては飽和状態になって、よろしくない。適当な息抜きが必要である。それを体が合図するのである。

つまり、休みなく知識を記憶していると、頭が働かなくなる。息抜きで、記憶の一部を放出する必要がある。忘れる時間がほしいのである。一夜漬けでは、忘却の出番がないから、不自然な学習になる。試験がすむと、ほとんど忘れてしまう。頭の働きを悪くする結果になることを知る人はほとんどいない。忘却は勉強の敵なり、という考え方が一夜漬けを支えている。

大人の一夜漬けもある。

そしてそれが有効でないことを如実に示す例はいくらもある。そのひとつのエピソードを紹介する。

学会が、個人研究の発表のほかに、シンポジウムを行なうようになったのは、戦後もかなりたってからである。もちろんアメリカの真似であって、実際をよく知らない留学帰りの人たちが、やってみようと思い立ったものである。企画、構成などかなりお粗末なシンポジウムが流行した。

司会する力もない人が司会者になり、互いに口をきいたこともないような〝専門家〟数人に、テーマをめぐって、めいめいの考えを述べ合ってもらおう、というのだが、めいめいほかのスピーカーが何をしゃべるかわからず、事前の打ち合わせもなく、当日を迎えるのだから、シンポジウムのおもしろかったためしがない。

セリフ合わせもしない役者がぶっつけ本番の芝居をするようなもので、しゃべっている当人たちは真剣でも、聴いている人間には、何のことかまるでわからない。シンポジウムの話を聴く前には、いくらか分っていたことさえ、聴いたあとで分らなくなってしまう。

あるとき、日本英文学会の全国大会で、シンポジウムが四つも並行して行なわれたが、そのひとつに「エリザベス朝演劇」があった。

関西のある教授は、この分野で最高の権威だから、メインスピーカーであった。教授はたいへんな勉強家である。とくに準備の必要もなかったであろうに、良心的な教授は、多くの本を読んで準備した。文献が多くて準備が間に合わなくなった。教授は、当時もっともぜいたくな上京の方法だった夜行寝台で上京することにしていたが、寝台車へ読む本をもちこみ、ほとんど夜を徹して本を読んで、東京へつくと、その足で会場の大学へかけつけた。そのことをこの教授は、親しい人たちに打明けたから、美談として広まったのである。

それほど準備をしたこの教授のシンポジウムの発言は、むしろ精彩を欠いた。あまりにも多くのことを言おうとして、何を言おうとしているのか聴くものには、伝わらなかったのである。

勉強が一夜漬けであって、忘れるゆとりがなかったのがいけない。せめて数日でも冷却の期間があれば、もっとまとまった発言になったであろうが、直前に頭に入れた知識では、混乱しないではいない。

忘却が必要である。覚えたことは一度、忘却の流れにさらすことによって、命のある知識になるのである。勉強家はしばしば、それを見落すのである。

一夜漬け文章の危うさ

かつてのイギリスの大新聞では、ニュース記事は別にして、ホットな問題を速報しないことを建前にした。ことに社説はその日におこった問題をとり上げることを避け、一両日たってから社説で論じた。一夜漬け文章の危うさをよく心得ていたのであろう。スピードが命のジャーナリズムでもなお、熱をさます忘却の時間をおく必要のあることを知っていたのは注目される。

新刊紹介、書評というのも、一夜漬けに近いことが多い。そのために、正鵠を射ることが難しいのである。

イギリスでもっとも権威のある書評をのせるとされる「タイムズ・リテラリイ・サプルメント」がかつておもしろい試みをしたことがある。

「二十五年後の書評再録」を特集したのである。四半世紀前に同誌に掲載された書評（無署名）をそのまま再録した。編集陣によほどの自負と見識がなくては考えることもできない企画である。

結果としておどろくべきことが明らかになった。発表・出版当時、好評で高く評価された本が、ほとんど忘れられかけている例がいくつもある反面、芳しくない評価を受けた本が、半ば古典のようになっている例がいくつもあった。

初出の書評原稿を書いた人の力量や良心を疑うことはできないのに、こういうことになったのは、つまり、書評家には整理の時間が与えられていなかったためである。一夜漬けではないが、いくらか締切りにせかされた思考、判断に動かされていたところがあったはずである。風を入れる要があった。忘却のはたらく時間的ゆとりがなかったのが、こういう結果になったのであろう。

一般の新聞、雑誌の書評、新刊紹介は「タイムズ・リテラリイ・サプルメント」よりいっそう一夜漬け的であると考えてよかろう。二十五年はおろか、五年後に再検討して、それに耐えられる書評、紹介というものが、どれだけあるか、はなはだ心細い。

読者としては新刊紹介よりも、ある程度、時間のたった旧刊の紹介を望みたいところである。一夜漬けは、試験勉強だけでなく必要ではあるが、害のあることを、われわれは考えなくてはならない。

メモはしないほうが良い

書けば忘れる

このごろは見かけなくなったが、ひところ講演がよく新聞の記事になった。そういう記事は「聴衆は熱心にメモをとっていた」といった決まり文句で結ばれた。熱心な聴き手はメモをとる。メモをとるのは良い聴衆であるという常識ができていたのであろう。

実際、メモをとる人が多かったが、それは講演などを聴くことに慣れていない人たちで、聴いた話を忘れまいとして、メモをするのであろう。照明のあまりよくないところでメモするのは楽ではない。

それはともかく、メモをとって何の意味があるか、と考える人はなかったのだからおもしろい。メモをとる方が、ただ聴いているより熱心であると、わけもなく思い込んでいる。話をメモするといっても、もちろん全部書けるわけがない。話についていかれない。急いで書くから文字も乱れるし、文章も整わない。それでも、メモをとったことに自己満足がある。そうだとしたら、第三者がとやかく言うこともないのである。

ただ、メモをとった話は結局、聴いたことにならないのだ、ということに気づかないのは問題である。忠実にメモしたつもりでも、話半分も書きとれないし、文字を書くのに気をとられているから、話は頭を素通り。あとには何も残らない。メモしたから、後で読めばと本人は考えるが、お生憎さま、メモはまず後で読むことはない。だとすれば、何のために忙しい思いをしたのかわからなくなる。骨折り損のくたびれ儲けである。

だいたい、聴いた話をすべて、わがものにしようというのがよろしくない。半分わかれば上等、五分の一覚えていれば上々、としなくてはいけない。メモをとっているから、と思うと、耳がすこし怠けてしっかり聴きとらない。書いている本人は、いまはわからなくても書き留めてあると安心する。

文字信仰、記録信仰

そもそも、文字というものは、ひとつには忘れてはいけないことを書き留めるために発達した表記である。したがって、書けば、安心して忘れられる。記録、文章が残っているから、心配はいらない、そう思うから、忘れるのも早い。

実際に文字が使用されるようになって、人間の記憶力ははっきり低下したはずである。安心して忘れるくせがついて、記憶力が衰弱する。目の見えない人は、文字に頼ることができないから、たいてい普通の人より記憶力がすぐれている。何年も会ったことのない人の足音で、誰であるかを言い当てたりすることができる。

われわれは文字信仰、記録信仰をいだいているが、そのために、どれだけ記憶力が落ちているか考えることもない。そして、「文字や記録が、われわれの忘却力を高める」ことが、別の面で人間のためになる、ということにも同じくらい無関心である。

文字のおかげで、われわれは安心して忘れられるようになった。忘却力をのばし、新しい思考を可能にした功は決して小さくない。

昔、ある大学生が、入学早々、教授を訪れて勉強法の教示を乞うた。

「ノートはどういうふうにとったらよろしいのでしょうか」

と学生が尋ねた。いまとは違い、大学は講義が中心。講義は教授が作ってきた講義案を読み上げる、のではなく、学生が書き取りやすいように区切って、ゆっくり読む。学生はそれを自分のノートへ書きうつす。ディクテーションで、そのために「大学ノート」というものが市販されていた。横罫のノートである。国文学の講義でも学生は横書きにしてノートを作った。期末には、そのノートで勉強して試験に臨む大事な記録である。ノートのとり方は新入生にとってとくに大きな関心事である。

先生の答えは意外なものだった。

「ノートはとらず、じっとよく聴いていなさい」

と言うのであった。学生は不安を覚えながらもそれを実行して成功、後年、すぐれた学者となったという。

文字を書くのに気をとられて、頭がお留守になったのでは、肝心なところを聴き洩らすおそれがある。ノートがないと思えば、聴くのに集中、講義内容の理解も高まる。大事なことを忘れるようなことは、まず、おこらない。何でも書きつけるメモ魔と言われるような人には、とても信じられないだろうが、ノートはとらない方が、よく理解できるのはたしかである。

これはさきの話よりずっと後年のことであるが、あるドイツ文学の研究者がドイツに留学した。ドイツ語の講義をノートにとることができず、途方にくれたそうだが、まわりのドイツ人学生は、だれひとりノートをとっていないで、ただ、聴いているだけ。ときどき、数字などを心覚えにメモするだけだったそうで、日本人の耳の弱さを痛感したそうだ。ノートは、かつて考えられたほどありがたいものではない。ひょっとするとノートをとることで、つまらぬことを記録するかわりに、大切なことを落してしまうおそれがある。

ノートをとらず聴いていると、その瞬間に重要なこととそうでない部分を区別して、どうでもいいことは忘れて、大事なことの方を頭に収めることをしているのだと想像される。はじめから整理された情報が入ってくるわけで、頭のはたらきのためにも、好都合であるのははっきりしている。

勉強のために読む本は、ノートをとりながら読むことが少なくない。いかにも手堅い読み方のように思われるが、これもあとでふりかえってみると、思ったほどよい方法ではないようである。まず、せっかく、書き取ったのに、それを見返すことがほとんどない。あとで読みもしないものに、多くの時間を費し、その間読むのが中断されて、本の理解も悪くなる。

それよりもっと困るのは、ノートをとっていると、大事なところと、そうでないところの区別がだんだんはっきりしなくなり、なんでも片っ端からノートしないと安心できなくなることである。だんだんノートする部分が多く密になってきて、全部を写すに近いようになりかねない。

ノートをとりながら本を精読するのは、時間と労力に見合った成果をあげないことがわかってくるのか、すこし年をとると自然にやめてしまう人が多い。怠けものになるのではなく経験の知恵であろう。

ノートをとりながら本を読む苦労をしたものはコピー機器があらわれたとき、ほとんど狂喜せんばかりであった。これであの書き写しから解放されると思った。ノートをとりながら勉強する習慣もぱったり止まった。

ここはと思うところに印をつけて、あとでまとめてコピー、それで万事OK。すっかり忘れることができる。得やすきものは失いやすし、でコピーしたものは、後でまず読まない。手書きのノートはとにかく一部、手が覚えているが、本を読む喜びを知らない人が多くなったのは、さわりの部分をコピーするのが普通になったのと無関係ではないように思われる。

メモもノートも抜き書きも、忘れては困るから、その保険のために書きしるされるものである。しかし、いったん記録されると、安心して忘れることができる。しかしメモもノートも読み返さなくては、まったく無用の長物である。やはり、聞き流し、読み流すのが、自然で、またもっとも有効な情報の収得方法になる。記憶と記録と忘却と理解は、一般に考えられているよりずっと複雑な関係にある。

思い出はみな美しい

時の浄化作用

読み人知らず、イギリスの古謡に、

かの悲しみも消えゆきぬ
この悲しみも消えゆかむ

というのがある。

この悲しみに耐えられない。けれど、かつて同じように大きな悲しみにあったことがあるが、いつとはなしに消えてなくなった。この悲しみもやがては同じように忘れるようになるであろう、と自らを慰めるのである。

なぜ悲しみが消えてなくなるのか、ということはわからないまま、時がたてば悲しみは消えていくというのは、ひとつの発見で、この歌はそれをあらわしたものである。時に癒しのはたらきがあるとは思わないが、時がたてば悲しみも苦しみも消えていくのは不思議である。

悲しみを忘れさせてくれる〝時〟は、ふつうのものごとを美しくする作用をもっているらしい。かつて住んでいたころは、さほどよい所だとは思えなかったのに、離れて二十年、三十年すると、わけもなくなつかしくなる。それは一種の錯覚であるかもしれないと考えるのは変人である。たいていはなつかしさにひかれて故郷を訪れる。待っているのは多くは幻滅である。こんなはずではなかったとホゾをかむことになる。

ふるさとは遠きにありて思ふもの

であるのは、錯覚を真《ま》に受けたもののほろ苦い思いである。昔のことは、なつかしく楽しいけれど、昔を訪れることが出来ないから、懐古の情は幻滅によって破られることがない。

時がたつと、なぜ、悲しみが消えるのか、昔のことがなぜおしなべて、なつかしくなるのか。おそらく、時の浄化作用によるのであろう。いやなこと、美しくないところ、不快に結びつくようなところが、時間の経過とともに脱落する。どうして落ちて消えるのか、と言えば、忘れるのである。

そう考えると、時間はただ流れるのではなく、不要なもの、不快なもの、腐敗する部分を洗い落し、流れ落すはたらきをもっていることがわかる。はっきり言えば、時は忘却なり、である。古いものは、時の忘却を経ているから、なつかしく、美しく、心ひかれるのである。どんなものでも、きのう今日のものは決してなつかしくない。たとえ嫌なことでも、遠い昔のことになれば、やはり、なつかしく思い出される。思い出はもとのものごとをそのまま再現することではなく、時の忘却作用によって加工、変化した過去である。歴史家はこのことを頭に置かないといけないように思われる。

〝去る者は日日に疎し〟とは、亡くなった人のことは日がたつにつれて、だんだん忘れていくという意味があるが、実は、それをなげかわしく思う心と裏腹をなしている。疎くなっていくのを惜しむ、なつかしさの気持ちが底流にある。それで、人は死ぬとみな良い人になり、遠くに行ってしまったり、音信のなくなった人はなつかしくなるのが人情である。その裏ではたらいているのが、時の忘却である。

距離の消去作用

時は距離でもある。そうだとすれば、空間的距離も時の忘却に似た作用を帯びている。距離も美化の機能をもつ。

すぐ近くで見れば、岩と雑木のかたまりのような山も、遠山となれば、青く霞んで美しい。目ざわりなもの、細部はすべて距離の消去作用によって捨てられてしまっている。大体において遠い方が近いものより美しく感じられるのは目ざわりなものがすべて忘失、消去されているからである。

俳句を作る人たち、ことに女性は吟行が好きである。外へ出かけなくては何もできないように考える初心者もいる。目当てのところへ行って、散策しばし、やがて、即席の句を披講する句会となる。こういう吟行ではよい俳句は生まれにくいだろう。いくら才能があっても、嘱目の自然を詠ったものがそのまま純度の高い詩になることは難しい。写生は浅い。余計なものが入っている。もっとも忠実な写生をするのはカメラであろうが、写真はあまりにもすべてを写しているために、美しくないことが多い。心の写生は、カメラのようにインスタント写生ではいけない道理である。時間をかける。風を入れる。生々しさをすてる。幹と枝葉を区別し、幹をとらえる。即席では、その時間がない。吟行がいけないのではないが、即席作句がよろしくない。三年、五年前の吟行の句を作るのであれば、吟行おおいに結構である。時のもつ美化作用を借りないという手はない。

イギリスの詩人ワーズワースは『抒情歌謡集』の中で、

詩は力づよい感情が自然にあふれ出たもので、それは静かに回想された情緒から生まれる

という有名なことばを誌している。詩は強い感情の自然の発露だけれども、ナマの感

情ではなく、心静まり、時を経て思い出された情緒に根をもっていなくてはならない、というのである。吟行の句作はこれに違反していることになる。

つよい感情をいだけば、そのままを表現しようというのが自然であるが、それはなお、不純なものを多く含んでいる。それをゆすり落してやらないといけない。〝静かに回想された〟というのは時間をかけ、風を入れて、忘れるともなく忘れて、濃密になった情緒が詩になるというのである。

回想された情緒は、忘れる時間をくぐってきた情緒であって、当座の感情、感動ではない。時間が忘却という方法によってナマな感情を風化して情緒にする。これが詩になるというのである。時の忘却は、こうして見ると、創造の前段階で無言のはたらきをしていることがわかる。時間をかける、つまり忘却の網をくぐらせることによって、美しいものが生まれる。忘却は美化の原理である。

ひとつでは多すぎる

何足ものわらじ

アメリカの女流作家ウィラ・キャザーは、その小説の一冊の見返しに、「ひとつでは多すぎる」（One is too many.）という謎めいたことばを誌した。「ひとつでは、すべてを奪ってしまう」と続く。いろいろ解釈できるが、一つではいけない、というのだろう。一つだと、もし、ダメになると、かけがえがない。安全のためにも、スペア、代りが必要である、というのである。

人間の体でも、大切な器官では目や耳のように二つついているのがいくつもある。

一つだけだと、もしもなくなったとき、とり返しがつかない。二つあれば万一、一方がダメになっても、代りがある。ひとつだけでは危険度が高い。二つある器官は、これがおこるかもしれない危険に対する備えである。

そういう天の配剤にもかかわらず、人間はひとつをよしとする思想を育んできた。芭蕉は「無能無才にして此《この》一筋につながる」（「幻住庵記」）と胸を張った。自分に才能はないが、俳諧ひと筋で生きてきたからいまの自分がある、という自負が感じられる。ふた筋につながっていたら半分のことも出来なかった、と言っているわけではないが、わき目もふらず、精進してきたことを肯定している。しかし、この〝ひと筋〟は、やはり、譬えである。文字通り、ひとつのことにしかかかわらずに、人間、生きていけるものではない。いくら世捨人といえども、身過ぎ世過ぎの才覚がなくてはならない。もともと、人間は、いく本もの筋につながって生きるようになっている。仕事もするし趣味ももつ、人の友であるかと思うと、子の親であり、隣人でもある。世捨人といっても、これらの絆をすべて捨てて超俗解脱とはいかないであろう。そのしがらみを思い切って捨てて、志す道に専念没頭するのを、譬えて言えば、「この一筋につながる」となるのである。普通の人間が不用意に真似たりすればおかしなことになる。

とは言うものの、専心専念信仰はつよいから本業のほかに副業をもったりすると、世間の目は冷い。それで当人は〝二足のわらじをはく〟と言って、予め恐縮する。一業、一芸に徹するべきものに、よけいなことをしてと詫びる。副業でなくても医師が絵画の筆をとるのは、いくらか二足のわらじめくから、日曜画家として身をひそめる。毎日毎日、病める人とばかり接している医師の仕事は精神衛生上、きわめて厳しい仕事である。息抜きが必要で、好きなことにひと時われを忘れるのは、医師の力を高めることになるはずである。医療で頭がいつもいっぱいというのは、診てもらう患者にとってもありがたくない。陰気を吹き飛ばし、明朗な気分になってもらえるなら、医師が絵画に凝るのは、頭の毒消しになる。医を忘れることが医を高めることになる。ひと筋につながるのがよいとは限らない。モンテーニュが、「よく笑う医者はよく治す」という意味のことを言っている。仕事ひと筋の医者は笑うゆとりがなく、したがって、良医ではないとも言える。

二足のわらじ位では足りない、のである。たいていの人が、五も十ものはきものをはいている。親としてこどもの進学は大問題であるが、日夜、それを考えていてはおかしい。うちの玄関を出れば、外には外の風が吹いている。仕事場へ入れば、きのうの仕事のけりをつけなくてはならない。きのうのうちに仕上げておけばよいというわけにはいかないことを、経験を積んだ人間は知っている。ひと晩寝かせておいたおかげで、頭がよくなっている。きのうわからなかったこと、思い及ばなかったことが難なく解消する。朝飯前の仕事になっているのは、ひと晩、寝て、忘れたからである。整理した頭なら前日の難問がウソのようになる。そう思っていい気になっていると、仲間としている勉強会のメンバーからすこし面倒な電話がかかってくる。いま仕事中、とは言えないから、しばらく、気を入れて意見をのべる、やっと終ったから、仕事にもどると、さっきまでしていた仕事の様子が微妙に変わっていたりする。新しいアイディアが浮ぶ。じゃまだと思っていた電話のおかげであるかもしれない。ちょっと頭を留守にしているうちに、頭は自浄作用、忘却によって問題を洗い流してくれるのである。

夕方、帰宅すると、懸案のこどもの進学問題がむし返される。朝出勤するときにはうんざりだったが仕事から解放され、リラックスした頭で考えてみると、われながら妙案と思われるものが飛び出す。一日、ぐじぐじ考えていたという母親はますます混乱しているようだから、おもしろい。休み休み考えるのは、一途に考えつめるのに優ることが少なくない。忘却の効用である。ひと筋につながっていては忘却するヒマがないが、何足も履物をはいていれば、労せずして、どんどん忘れることが出来る。

学校の授業課目

繰り返しになるが、「田舎の学問より京の昼寝」という昔のことわざは、田舎の人は勤勉に学問しているのに都の人は怠けて、昼寝している――といったことではない。田舎の人は専心学問にはげむのに、のんびり昼寝などしている京の人にかなわない、という意味である。

なぜ、休まず勉強する田舎の学者が、何かと忙しく、しかも、ときにくつろいでいる都の学者に及ばないのか。ちょっと不思議に思われるが、これが真実なのである。田舎の学者は時間がある、ほかにすることもない、それこそ朝から晩まで、学問三昧になりうる。都会の学者はそうはいかない。ひと筋につながっていられなくて、あれもこれもこなさなくてはならないから、つい学問をお留守にするときもある。

そのお留守が実は、ものごとを深める。専心、没頭していると、頭が飽和状態になって、大事なことが入る余地がなくなり、頭も浅薄になる。つまり、不眠不休のようにつめてしてはいけない。休み休み、適当に忘れる。忘れ忘れて、忘れ切れないものを見つける。

小学校の授業は、一時間ごとに違った学科であるが、先生が全科担任、ひとりで教えたからバラバラな授業という感じがしない。中学になると、大体が専科担任で、別々の教師が教えるから、一日に何人もの先生から教わることになる。生徒も、どうして、数学のあと社会で、そのあと理科、そして国語と並ぶのか時間割をながめて不思議に思う。いかにも雑然としている。頭がごちゃごちゃになりはしないか。こどもはそこまで考えることはないが、それを考えた先生たちは実際にあった。

東京の有名な公立高校である。雑然と多くの学科を学習するより、まとめて一度にやれば学習効果もあがるに違いない。そう考えた先生たちは協議の末、時間割の統合整理を行なうことにした。

たとえば、月曜の午前は、四時間、ぶっつづけに国語をする。休み時間も途中一度トイレタイム位にして、休み時間をなくす。午後は社会を二時間、ぶっつづけ。火曜の午前中は英語、午後は理科……といった具合である。

実施して、早々に、失敗だとわかった。学習効果よりも、まず疲れる。終りの方になると、うんざりして気が入らない。生徒だけでなく先生が音をあげて、早々に復旧となった。

学習には、リラックスの時間が必要だということを先生たちは知らなかったのである。黒板に文字をいっぱい書けば、あと、もう書けないことは知っているが、頭の黒板はいくら書いても書けると考えるのはのんきである。書き込みでいっぱいになったら、ぬぐってきれいにしてやらないと、あと、何も書き入れられなくなることが、わからなかったのである。

一見、支離滅裂のように見える時間割は案外、深い知恵の産物だったのである。だれが考え出したものか、いまは知るよしもないが、発見であった。

ひとつでは多すぎる。いくつかを同時実行すれば、どうしても、休み休み、になる。それが、頭の好むところでもあって、忘却は、忙しいほど進む。忙しい人ほど頭がよく働くことになる。

勉強専心、ひと筋につながっているのがよろしくない。何足ものわらじをはけ、と内心が命じているのであろう。

そうした道草は当面の仕事、勉強にも、案外、いい影響を与えるかもしれない。ひとつでは多すぎる。気を散らすのはクリエイティヴへの道かもしれない。

〝絶対語感〟と三つ子の魂

手の記憶

あるとき、どうしたことか、ネクタイが結べなくなった。何十年もの間、毎日のようにしめていたネクタイ。ほとんど無意識でしていたから、できなくなって途方にくれた。思い出してやってみるが、どうもうまくいかない。

何べんもしくじって、やっと、手順がよみがえった。といっても、はっきり、順序立ってわかったのではない。手が思い出したらしく勝手に動いたのである。長い間、ほとんど反射的に手を動かして、それでうまく結べていたのも、頭が覚えていたのではなく、手が覚えていた。しかし、頭と無関係ではないから、頭が忘れると、手もそれに付き合って、手が出なくなる。そして、頭では思いだせないことを手が覚えていた。

頭から注文されて手は動いていたのだから、突然頭からの指令が来なくなれば、当座はどうしてよいかわからず「手」惑う。しかし、長い間、手馴れたことである。その気になれば手だけの記憶をよみがえらせることはできる。手の記憶は、頭のはたらきをずいぶん手助けしている。肩代わりしてもらって頭ははたらきを忘れられる。

幼い子が、自分でボタンをかけられるようになるのも、すばらしい記憶と忘却の協同である。いまのロボットは比較的単純な作業しかできないようだが、将来、人間そっくりのロボット（humanoid）があらわれても、ボタンをかけるのには苦労するに違いない。幼児でもそういう能力があるといっておどろくのは当っていない。幼児ほどこういうことを覚える能力は高い。年とともに、この能力が衰えて新しいことがうまく出来なくなる。五、六歳の子なら、数日練習すれば自転車に乗れるようになるが、七十歳では、ほとんど考えられない。

覚えるのは記憶であるが、記憶だけではうまく覚えられない。失敗を忘れる整理が不可欠である。年齢の低いほど記憶力が活発であるが、それと表裏をなす忘却能力にもすぐれている。年齢が高くなるにつれて、記憶力も落ちてくるが、忘却力もそれに劣らず鈍化する。

ことばを覚える

記憶と忘却のみごとな協同ぶりがもっともはっきりあらわれるのは、ことばの習得であろう。

人間はまったくことばを知らずに生まれてくる。それが、三年もすると、人語を解するようになる。ことばを覚えるのは、教える人がいなくてはならないが、生みの親にそんな覚悟のあるのは例外的である。これだけ教育が進んだように思われる現代においても、新生児のことばの教育については、ほとんどなすところがないかのようである。

「こどもは、自然にことばを覚えます」

などということを平気で言う。自然、というのが誤解されていておかしいが、実際にとくべつ教えようとしないでも、こどもは自力でことばを学び、習得する。ホモ・サピエンス（知の人）といわれるだけのことはある。

まったく知らないことばをどうして覚えられるのか。さきにも言ったように、教えてくれる人がないに等しいような状況においても、何としても覚えなくてはならない。そのために、人間は、天賦の能力を授かっている。記憶力である。ただ、記憶力だけでは、うまくいかない。記憶を整理、組織化する作用である忘却力が不可欠である。

こどもは、教えられないことでも、学びとる力をもっている。もっともおどろくべきことは、教えられないのに、自分の学びとったこと以上のことがわかるようになるのである。

こどもは早い段階で、〝文法〟を作り上げる。私はこれを〝絶対語感〟と呼んでいる。すべてのこどもが、ろくに教育らしいことばの教育を受けないでも、自力で、早々と自分なりの文法を作り上げる。ことばが話せ、聞いてわかるというのは、この絶対語感が身についている証拠である。

もっとも、こども自身、この文法を意識しない。自覚もないまま、内蔵しているのである。ふだんは眠っているようでも、自分の〝文法〟と違ったことば遣いをする人がいたりすると、さっそく目をさまして、おかしい、と感じる。自分と同質の文法であれば、いちいち反応することもない。眠っているようであるが、死んでいるのではない。異質なものがあらわれると、さっそく反応する。そしてそのあとすぐまた沈黙にもどる。

そういう文法をもっているとはツユ知らず、太古から今まで、ほとんどすべての人間が生きてきたのは不思議なような気がするが、この文法をつくる力があってこそ人間は人間なのであり、ホモ・サピエンスである。

未知のものごとを一回でわかることはできない。未知のものは謎である。頭に入っても忘れられる。やがて、また同じものがあらわれるがそれでもなおわからない。忘れて消える。しかし、何度も何度も繰り返しあらわれると、忘れられた記憶がだんだん、中層記憶に達し、やがて、さらに深化して深層メモリーとなって無意識化する。

個人のことばの〝文法〟、絶対語感は、この深層記憶の次元において、形成されるように考えられる。昔の人が、「三つ子の魂、百までも」と言った〝魂〟は、この絶対語感に近いものだと見てよい。

ことばはおそらく人間のもっとも高度で精密な知識であるが、記憶と忘却のからみ合いによって、深層化しイメージになる。

単純な技術の習得についても、ことばとほぼ同じような記憶の深化の過程を認めることが出来る。

忘れ方のうまい人

ボタンがかけられるようになり、ネクタイが、ほとんど自動的に結べるようになるのは何度も練習して得た反射的行動である。

日常生活の中には、こうして反射的になった行動、動作、考えがおびただしくある。ただ、自覚しないでいるだけである。途中のあまり意味のないところを切り捨てて求められる結果を出すのは、記憶と思考の節約である。それによって、思考、記憶はどれくらい助かるか知れない。不要なところを速やかに忘れてしまうのは、天賦の才能ともいうべきもので、忘れ方のうまい人間ほど多くのことを反射的にすることができる。

「一を聞いて十を知る」ということわざがある。普通は、頭のはたらきのよい人は、一を聞いただけで、自分の洞察、推理、想像などによって、知らされていない十がわかる、というように解されている。ここに、忘却による反射ということをあてはめると、一から十までを経験していて、二から九までが、風化、記憶から脱落してしまっているとすると、一を聞いただけで、反射的に十がわかる――とそういう風に解することもできる。人間の頭は賢い。たいした意味もないところを、いちいち繰り返すわずらわしさは省略して、目的へ一足飛びに到達するようになる。

それを可能にするのが、忘却作用である。この能力の小さい頭は、いたずらに頭の中に緊要でない記憶を蓄積して、自由な思考のはたらきを妨げるおそれがある。

忘却は、直観的に、必要不可欠か、それとも省略可能なものであるかを判別する不思議な力をもっている。少なくとも、多くのことを記憶し、思考するには、うまく忘れるのが絶対に必要である。忘却にすぐれた頭は、すぐれた頭脳である。

無敵は大敵

ライバルの存在

ライバル、好敵手というものがある。互いに勢力は伯仲していなくてはいけない。勝負をすれば、勝ったり負けたり、ときには引き分けになる。それでこそ好敵手である。互いに闘志をもやして後れをとるまいとする。いつも気の張っていることばかりではないから、気が弱くなった時など、相手がいなくなってくれたらどんなにいいかと願うことだって、ないとは言えないだろう。

しかし、実際にライバルが倒れるようなことがあると、相手はそれを心から悲しみ、惜しむ。いなくなってくれてよかったと思うのは、弱いライバルである。

強い人は、強い敵がいるから、それに負けまいと自分の力を出す。やっつけたい相手がいるからこそ、負けまいと願うからこそ、ひとりでは出せない力が出てくるということを、心のどこかで、意識はしなくとも、感じているものである。こういう好敵手を敬愛する心の深さをもっている人は、ライバルがいなくなっても、重大な打撃を受けなくてすむであろう。

それほどの実力のない人、ライバルを怖れ、実際に勝負すれば勝てない、と自分で不安に思っている人は、ライバルがいなくなることを表面はともかく、内心は喜ぶにちがいない。これで、勝てない相手が一人へった。そんな風にひそかに胸をなでおろす。そういう人には、とんでもないことがおこる。

強力なライバルに向って緊張と努力をしていたのが、急にその目標、目的を見失って、力をふりしぼって繰り出すパンチが、打つべき敵がいなくなって、空を切る。これは、自分で自分を攻撃しているに等しいから、相手に当るブローよりはるかに体力を消耗させる。つまり、攻撃目標を失った攻撃は、結局のところ、自分自身を攻撃しているのと同じことになるのである。

好敵手がいなくなれば、相手から倒されることはなくなる代りに、自分で自分を攻めて自滅することになる。ライバルの健在を祈るのは、相手のためではなく、むしろ自分のためだということになる。

好敵手でなくても、人間は、つねに敵をもっていなければならない。そして、与しやすい相手よりも手強い敵をもつ方が、自分にとってもよい。自分が伸びるには、強敵の胸を借りなくてはならない。格闘技で精進している人は多く、この間のパラドックスを体で覚えているものである。汝の敵を愛せよ。強敵は味方よりもありがたい存在である。

どんどん知識などを記憶すると、忘却の方もうかうかしてはいられない。記憶が頭からあふれたりしては、忘却の負けである。活発な記憶には旺盛な忘却が立ち向って、どんどん知識を忘れ、捨て、整理しなくてはならない。

とくべつ努力してものごとを覚えようとしなければ、忘却も、とくべつの働きはしないで、自然忘却にまかせて、いわば怠けてもいられる。記憶も忘却も自然にまかせていられる。かつて、人は多く、そういった生活をしていたであろう。

ところが教育が多量の知識の記憶を要求するようになると、忘却力も鍛えられて強力になる必要がある。どんどん覚えるのはいいが、無秩序に記憶が増大すれば、知識もゴミと同じように人間にとってありがたくないものになる。

そういう近代記憶ともいうべきものがあらわれたのだから、好敵手の関係にある忘却もぼんやりしていることは許されない。

実際において、記憶される知識は有用なものであるから、記憶力の増進は歓迎されるけれども、それとバランスをとって強化されなくてはならないのに忘却力を目の敵にするようになったのは、近代の誤りであった。しっかりした記憶ができるには、がっちり忘れる力がなくてはならないという道理が見失われている。これは近代人の不幸であった。

記憶力の危機

常識的な人は、ものを忘れるのは不都合、覚えたことは忘れなければ忘れないほど、優秀な頭脳であるように考えて、忘却を〝いじめ〟たため、忘却はすっかり元気を失ってしまった。これが記憶にとって重大な危機であるのに記憶は好敵手の忘却が病み上がりのように弱体化したのを、喜んだかもしれない。

活発な忘却を抑圧することになる記憶競技のテストをし、ただ溜め込むだけの頭の書く答案に良い点をつける。これでは忘却力の低下するのは明らかであるが、弱体化した忘却のライバルの記憶力も、つき合いよく、弱小化しないではいられない。

記憶力の危機はそれにとどまらない。

コンピューターという記憶の怪物があらわれたのである。コンピューターをライバル、好敵手に見立てる酔狂な人間はなかろうが、人間は、単純記憶にかけてはコンピューターにとうていかなわない。

結果として、記憶能力の低下は避けられない。それをライバルとしてきた忘却力も、好敵を失って弱体化するほかない。楽天的な社会はそれを考えようともしない。

コンピューターは、人間から記憶の仕事を奪って、低能力化したばかりではなく、その副次作用として忘却力を弱体化しているのである。

コンピューター時代において、新しい記憶と忘失の均衡のとれたライバル関係を再構築する必要がある。

コンピューターをライバルにするのは、記憶ではなく忘却である。そう考えることによって、人間の思考の歴史の新しいページが始まると考えることもできる。

ぼんやりコンピューターに出番を奪われた記憶との関係をひきずっていては、忘却もおかしくなる。コンピューターを敵として、忘却はいかに競争しうるか。コンピューターはいまのところ、選択的忘却ができないから、ここに勝ち目がある。

少なくとも、人間の記憶力より強力なコンピューターである。忘却もこれまでのように、おっとり構えていることは許されない。

もうひとつ問題がある。

高齢者のもの忘れである。

これも忘却力のひとり相撲ではない。

記憶という本来の好敵手が、年とともに弱くなり、ほとんど新しいものを頭に入れようとしない。それでは、忘却力は敵がなくなってしまうことになる。その忘却のエネルギーを本来の目標である記憶に向けず、自身の忘却のプロセスに向けて発揮されることになる。サッカーの試合で、自陣のゴールへボールをけり込むオウン・ゴールのようなものである。

高齢者のもの忘れを食いとめるには、どんどん新しいことを記憶し、どんどん忘れるという活動によってのみ可能であろう。

人間は敵がないと力を出せない。敵がなくなると、攻撃の矛先を自分自身に向ける傾向がある。病理学的にも、すでにいくつかの承認された症例もある。敵のないことは敵のあることに比べて、はるかに危険で、自滅の怖れがある。

常識的には敵と目されることの多い忘却であるが、もし忘却が衰えたら、重大な危険に見舞われることになる。

無敵大敵。

すべては抵抗によって存在する。味方ばかりになったら亡びるほかない。敵を怖れ、敵を避けるのは誤りである。汝の敵を愛せよ、敵がないのはつねに危い。

頭の働きを良くする

現代人は知識過多

戦前の、地方の一般家庭にはゴミというモノがなかった。ゴミの処理に困るなどというのは特殊な人たちであった。台所からのゴミは出るが、庭先のゴミ捨て場へもって行けば、いい堆肥になる。多ければ多いほどいいと思われていたのではなかろうか。

家庭のゴミが問題になり出したのは、世の中が豊かになり、生活がぜいたくになってからのことである。ゴミがあふれるようになって、その処理が行政でも大きな問題となり、ゴミの処理が住民への大きなサービスになった。量が多くなるにつれて、ゴミの出し方もやかましくなり、生ゴミ、可燃ゴミ、不燃ゴミ、資源ゴミと細分、分別《ぶんべつ》されるまでになった。

ゴミの量は、生活の文化度に比例する、と言われる。高度の生活ほどゴミも多くなるというわけだ。ゴミの量からしても、現代の生活は五十年前、八十年前より相当に進んでいることになる。ゴミで苦労するのは、ゼイタクな悩みである。

ところで、社会が進化し、教育が普及して長い間、学校で勉強するようになると、頭に入り切れないほどの知識が蓄積される。モノ知り、博学多識が一部の人たちに限らなくなって、多くの人間が、知識過多に陥るが、あいにくのこと、それを本人は知らない。知識過多はなんとなく無気力な人間をこしらえる。知識人というのがふえると、ゴミのように邪魔になる知識のあることに気づく。一般に、知識の量が小さかったときは、ゴミのような知識という考えがなかったが、情報過多の社会では、善玉の知識と悪玉の知識があることに注意する人がふえる。悪玉知識がたまりすぎて頭がメタボリック症候群になっては困る。そう考える人はあっても、なお、悪玉知識はゴミであるとはっきり割切る勇気がない。知識の絶対量が少ないから、悪玉知識などあるわけがないと考えて、忘却というゴミ出しをためらうのである。

頭のゴミも出さないとよろしくない。知識、情報のゴミ出しは忘却によるのであるが、知識貧困の間に染みついた、記憶は善、忘却は悪という観念はおいそれとはなくならない。実際、忘れようとしても、ゴミを出すようにはいかない。

忘れるのは不随意、つまり思ったようにならないところが厄介である。記憶は努力して成果をあげられるけれども、忘却は、忘れようとしても忘れられなかったり、忘れては困ると思っていることを忘れたりで、思うにまかせない。自然にまかせるほかない。

ゴミは意志によって捨てられるが、知識のゴミは捨てようとしても捨てられず、忘れまいとしても忘れるなど、自由にはならない。しかし、頭の中にゴミがたまってはよくないことは、ガラクタであふれた部屋が好ましくない以上に、活動の妨げになる。それはメタボリック症候群を心配する社会になってようやく現実的なものになった。

知識が不当に多くなると、博識にはなるが、頭の活動はむしろ低下する。

意志の力で忘れることができないのは前述の通りだが、まったく新しいことを考えれば、自然に、不要な知識は消える。

ゴミ出しには、したがって、新しい思考を導入しなくてはならない。ところが新しいことを考えるには、頭の中がきれいに片付けられていないといけない。そういうことが悪循環になって、なかなかうまくいかないのである。

忘却の価値

やはり忘却が先行する。

まず、頭を整理する。それが忘却であるが、任意に意図的に忘れることは難しく、自然に、つまり時間をかけて、不要なものの廃棄の行なわれるのを待つ。

普通の生活では、夜中、眠っている間に、忘却が進む。ゴミ出しは夜の間に、無意識のうちに進められる。朝、目がさめて、気分爽快であるならば、忘却がうまく頭の掃除をしてくれたことを示しているのである。新しいことを考えるのに最高の時間で、一日に二度と訪れないゴールデン・タイムである。ぼんやり空費してはもったいない。

忘却先行、思考追随である。

これがはっきりしないで、朝の時間を無駄にすごすのが人間である。意味もなく夜ふかしをする。いや、勉強しておそくなったと若い人は言うかもしれないが、一日の間にたまった大小のゴミのいっぱいつまった頭ではものを考えるなど間違ってもできない。本に書いてあることを頭に入れる勉強だって、非能率的になる。昔から、勉強は灯下で行なうものと考えたから、蛍雪の功、すなわち蛍の光、窓からの雪明りで勉強するのを誇った。

電灯が夜を明るくしてからは、頭の仕事は夜するものときまってしまったかのようである。もの書きなどに昼のうちは寝ていて、夜になると机に向うのを高尚だと錯覚する向きもあった。

ドイツの科学者ヘルムホルツは、断然、朝型人間であった。論文を、朝、起き上る前に作り上げ、「何月何日朝何時、床中にて」などと誌したのが有名である。

大昔、一日は夕方から始まっていたと思われる節があり、太陰暦は、夜先行の思想を代表しているように思われる。太陽暦では、一日は朝から始まり、それとともに朝の思考が発達した。

われわれは自分の頭を良くすることはできないと思っている。しかし、頭の働きを良くすることは可能である。頭を良くすることができなくても、頭の中をきれいに、冴えたものにすることは不可能ではない。忘却はそのもっとも有効な手段、方法である。ものを考えようとするすべての人は、忘却の価値をはっきり認めなくてはならない。

あとがき

いつから忘却ということに興味をいだくようになったのか、そもそもの始まりは記憶にないが、四十年くらい前からであったような気がする。だんだん本気になって忘却の肩をもつようになって現在に至っている。その間、忘却に関する文章が何度か活字になったことがあるが、まとまった忘却のアポロギアを発表しようと考えるようになったのは数年前からである。

よるべき文献、研究などはほとんど皆無であったが、これは不勉強な人間にとってむしろ好都合であったかもしれない。自分の考える忘却価値を勝手に自由にのべることができた。

本書を書き終えたところで、思いもかけず、忘却は人間の自由な思考、自由そのものへの道を拓くものではないかという考えに達した。人間はつねに、知識、感情、欲望、利害などに〝しばられ〟ている。それをとり除かない限り人間は自由になれないが、その呪縛を解き放つのが他ならぬ忘却である。忘却なくして自由は存在しないように思われる。

この本が出るまでに、原稿の整理をはじめいろいろ助けてくださった筑摩書房編集部の金井ゆり子さんに深く感謝する。

二〇〇九年九月

外山滋比古

解説

松本大介

ひとつ私と賭けをしませんか？

「忽忘草の花言葉は何でしょう？」

はい？　ええ、もちろん調べていただいて結構です。突然、「問い」から解説を始めてしまって申し訳ありませんね。ええ、賭けというのは、この問いへの答えをあなたが覚えていられるかどうかです。いいですか？「ＯＫ」でしたらこのまま読み進めていただいて……。

「NO」という方は、本書を閉じていただいて結構です。はい？　ええ、ええ。もちろんです。閉じちゃってください。答えを覚えていられる自信がありませんか？　本書では忘却を推奨していますし、まあ解説なんて所詮おまけみたいなものですからね。大丈夫ですよ。この解説を読まないことで得た5分間を、有意義にお使いください。きっと、本書の本文を含めて、記憶に残る解説になるかと思うので、非常に残念ですがね。しょうがないです。本書の内容をね、外山先生の忘却理論は忘れないでいただいて。はい。はーい。それではお疲れ様でした。

……ああ、行ってしまわれた。ふん、ふん。「NO」という人も、結構いるのですねぇ。

あらためまして、読み進める選択をしていただき、ありがとうございます。

ああ、ドキドキするなぁ。じつは私ね、皆さんが本文を読み進めている間、この解説にいつたどり着くのかと、指折り数えていたのですよ。

ついこの間、この解説を読んでいかれたある御方なんかは、本書73ページの「まだらな過去の思い出」を読んでいらっしゃった時、「うんうん」って、声を出しながらうなずいていらっしゃって。ええ、こちらでね、指摘させていただいたのですよ。ご自身では気づいていなかったようでしてね。ついでに、本書161ページの「試験で良い点をとるには」を読みながら、ニヤニヤしていたことなんかも教えましたらね、顔を赤らめちゃって。本を「パタン」って閉じられてしまいました。

こちらは、皆さんに向けて解説で何を述べようかと、子細に眺めていますからね…ご自身では、なかなか気がつかないものですよね。

さて、残ってくださった皆さんは、ここからが本題となりますので「問い」の答えを、しっかりと忘れないよう頭に刻んでくださいね。再度の確認となりますが、調べることについてはとくに咎めませんからね。これは、知識を問うものではないので。

ただ、できれば見るのは一度だけにしてくださいね。あくまで覚えていられるかという賭けですので。そして、答えを口にしないで下さいね。頭に思い浮かべるだけです。

え？　声に出しちゃった？　だめですよぉ。

仮に、周りに人がいる状況で、本に書かれている問題の答えを口にしたら、驚かれてしまいますよ。老婆心ながら忠告させていただきます。

周りに人がいない状況でも、本と対話して答えを口にする自分を客観的に想像してみてください。結構、不気味ですよ。

まあ、今回は目的を一緒にする皆様なので、認めましょうか。

くどいようですが、頭に思い浮かべるだけですよ。くれぐれも問いや答えを口にしないでくださいね。準備はよろしいでしょうか？「ＯＫ」ですね。

では、この解説の最後に、賭けに乗ってくださった皆さんと、答え合わせをさせていただきます。が、その前に。ここから私の「創作話」に、少々お付き合いをいただこうと思います。

タイトルは、そうですね……「忘れられない女性」とでもしておきましょうか。

それではまた、後ほど答え合わせで——私が本屋で働いて……。

◇

私が本屋で働いていた時、大学生アルバイトのAさんが入社してきた。

「面接時に、ビートルズが好きだと言っていた」ということを同僚から聞きつけ、なんとか話をする機会はないかと様子を窺っていた。というのも村上春樹にかぶれた学生時代、その有名な作品からビートルズに傾倒した私は、音楽と本の世界へとのめり込み、趣味が高じて書店で働くことを決めたのだった。もしかしたら、彼女もそうなのではないかと妄想したというわけだ。

「『In My Life』が好きです。……曲の間奏に、日常が詰まっている気がするので」

繁忙期を避け、一カ月後に開かれた歓迎会で初めて話をした時に、そういえばと水を向けると彼女は照れながら答えた。

「だって、忘れ去られた日常の積み重ねこそが人生じゃないですか！」

当てが外れた私の沈黙を、否定的な意味合いと早合点した彼女が、慌てて付け加える。職場で働きぶりを見ていた時には、おとなしそうな堅実タイプとの印象を抱いていたのだったが、重ねられた言葉には意志の強さが垣間見えた。

曰く、「2分30秒ほどの曲の、1分30秒ぐらいから流れる間奏」「私がもし100年生きるとして」「一生を2分30秒に置き換えるなら、1分30秒は60歳にあたる」「還暦で一旦、区切りをつけて振り返った自分の日常を、慈しむように流れる優しい間奏」……。彼女は熱弁をふるい、しゃべりすぎたことに気づいたのか、私のほうを見るとばつが悪そうに笑ったのだった。

その独自の分析を聞いて、面白い子だと思った。

そして、どこか俯瞰で人生を捉えているような考え方に惹かれた。

それ以来、少しずつ話すようになったのだが、学生の彼女と私では共通の話題があまりなく、表層的な会話に終始することがほとんどだった。休憩時間などで一緒になると、徐々に話すことがなくなり、気まずさばかりが先行し、そのうち私は休憩が重なったとしても読書に逃げるようになった。

ある日の休憩時間、いつものように読書をしていると、

「え？　いま、本読みながらなんか言いましたよね？」

軽い詰問口調で、彼女にそう尋ねられた。

まったく自覚がなかったので、そう答えると、「もっと若い時に読んでいれば…

とか、なんとか言っていましたよ」と、含み笑いに表情を変えつつ指摘されたのだった。

読んでいた本の背を、覗き込むようにしてタイトルを確認される。

「えーと、『思考の整理学』？　なんだか難しそうなタイトルですねー」

つぶやいた彼女へ、何よりも会話の糸口を得たことが嬉しかった私は、この本の内容がいかに有意義であるかを、いつかの歓迎会の彼女のように熱弁した。現行の教育制度が、記憶力や知識に偏っているという著者の指摘はもっともで……云々と。

しかし、うんちくを聞いた彼女の表情は、みるみるうちに曇っていった。

私の空疎で借り物めいた説明が終わると、しばし沈黙した後、意を決したように彼女はこう言った。

「じつは私、記憶力が良すぎるんです」

後から調べたところによると、それは共感覚というらしい。

脳のなかの比較的近い「野《や》」同士が、外部からの刺激に対し同時に反応してしまうなどの理由によって、生じる現象だそうだ。たとえば、「味覚野」が「視覚野」

に引っ張られると「甘い」という文字を見ただけで、口の中に甘さを感じてしまうといったように。

世界秩序を獲得する以前の乳幼児期には、多かれ少なかれ可能性があることらしいが、大抵は幼少期を過ぎると失われてしまう。

だが、まれに大人になっても「持ち続けている」人がおり、それぞれの方面において突出した才能を示したりするらしい。

彼女のそれは「色」だった。

県内で最上位にランクする高校を卒業後、家庭の事情で旧帝大を諦め、地元の国立大に進んだ。彼女の最初の記憶は、姉と交わした次の会話だ。

「お姉ちゃん。〝むし〟っていう字は、なんで茶色と赤なの？」

「？？？」

「もう。どうして答えてくれないの、お姉ちゃんのいじわる！」

彼女の見る世界では、「む」は茶色、「し」には赤色の着色が、元々なされていたそうだ。文字の覚えは周囲の子たちよりも圧倒的に早く、カラフルに彩られた文字が書かれた教科書は、読んでいて楽しかった。色の並びで覚えた文字の組み合わせは、単語の意味と結びつき感覚的になかなか忘れない。勉強らしい勉強は、ほとんどしたことはなかったが、成績はすこぶる良かったという。

社会などの暗記科目は無双状態。国語も得意で漢字検定一級を持っていた。英語もアルファベットに色がついていたので、単語や熟語、文法などを覚えるのに苦労はなかったという。ただ、数字に色がついてはいても、論理展開が必要な数学は苦手だった。「円周率はかなりいけますけどね」と言い置いて、彼女は仕事へと戻るために席を立った。

その能力を打ち明けられ、彼女に対して畏敬の念が生まれた。彼女は特別な才能を与えられて、この世の中を生きている。自分のような凡人とは違うのだ。カテゴライズして、ラベリングし、必要以上に仰ぎ見てしまった。打ち明けられた秘密を、「内緒だけど……」と同僚の一人にしゃべると、それは皆の知るところとなった。特別視された彼女は、居心地が悪かったと思う。

当時を振り返ったいま、思い出すのは彼女の上目遣いだ。秘密を知った後、私の目は自然と彼女に吸い寄せられた。彼女は常に身構えていた。とても神経質で、打たれ弱く、どこか許しを請うように人に接した。いまなら分かる。堅実な仕事ぶりは自分を守るための鎧だった。周囲から一目置かれ続けてきた彼女は、繊細すぎたのだ。当時の私には、それが分からなかった。

この人は私を傷つけないか？

なつく前の猫のように、相手の出方を観察して反応を返す。たまに心ない注意でもされようものなら引きずってしまい、その日は自分の殻にこもって出てこなかった。

誰かが無自覚に発した透明な言葉を、彼女は色がついた文字として受け取らざるを得なかった。そして、それは忘れられない記憶となって蓄積し、彼女を苦しめた。ほどなくして彼女はバイトを辞め、ある日、私は彼女の訃報に接した。秘密を打ち明けられてから二年ほど経った頃だった。

忘却を許されなかった彼女は、きっと、色のない文字や言葉を求めていただろう。

たとえば、歌詞をもたない間奏のような。

だけど彼女は、「In My Life」の間奏にたどり着く前に、人生を終えてしまった。

◇

さあ、ここまで。

私の個人的な思い出話……いえ、創作話にお付き合いさせてしまい、申し訳ありませんでしたね。本書を手に取った皆さんが、忘却について、より深く考える契機になれば幸いです。

さて。大変お待たせしました。

覚えていますでしょうか？　この解説の最初の問いについて賭けをしましたよね。まさか忘れてはいませんよね？

準備はいいですか？　答え合わせですよ。はい、それではどうぞ！

……え？　……ワタシヲ……ワスレナイデ？

何ですか、それ。ちょっと待ってください。何を言っているか分からないです。何か勘違いをしていらっしゃるのではないでしょうか？

ワスレナグサ？

ああ。もしかして、2行目のカギかっこで括られたヤツのことを言っています？

ハハハ、ハハハハハハ。あ、すみません。

なんですかね。自分で書いておいて非常に申し訳ないのですが……。じつは漢字を間違ってしまっていましてね。昔、女優兼アーティストのなんとかさんも、同様の文字を曲のタイトルに使用して、界隈をざわつかせたことがありましたっけ。私は、誤りに気づいていたのですけど、つい、うっかりそのままに。

解説の冒頭に戻ってよく見てください。「忽忘草」となっていますでしょう？「私をわすれないで」という花言葉があるのは「勿忘草」ですからね。

本文で「忘却」という単語を目にしすぎたせいか、気づかなかったのではないですか？

え、ずるいじゃないか？　読めないじゃないかって？　さも、話し言葉のように書いてありますが、いまあなたが読んでいらっしゃるコレ、平易な散文なのです。

口語体ですが、口に出しているわけじゃない。私の文体なのですよ。話し言葉でなく、文章ですからね。

まあ、無理やり読むなら、コツボウクサとでもしておきましょうか。実在しない花ですが、「忽」という一字には、「うっかりする」といった意味があるとのことです。

もう一つ。「たちまち」という意味も。「たちまち」「忘れる」「草」。もしかしたら私の知り合いの、文字に色がついて見えるという彼女なら、騙されなかったかもしれないな……。

あ、正解がまだでしたね。そういった、私の誤変換うんぬんから「私を忘れないで」を不正解としているのでは、ありませんよ。

ここまでお読みいただいたあなたは、すでに答えているようなものですからね。

私の最初の「問い」に対するあなたの答えは「ＯＫ」。

しっかりと賭けを受けていただきました。ここまで読んでいただいたあなたには。

いえいえ。もはや、答えを言葉では求めておりません。あなたの行動で示してもらいましたので。

え、だまし討ち？　忘れる云々の問題ではないですって？

そんなムキになって、細かいことは言いっこなしですよぉ。そんなにお怒りになるのなら、本書をもう一度、最初からお読みになってはいかがです？

そして、この解説自体を忘れてしまってはいかがでしょう？

さて、ここまで根気よくお付き合いくださった方々には、御礼を申し上げます。

それぞれの「In My Life」。

その間奏が素敵なものでありますように。


（おわり）

「解説」の解説

もう少しだけ、お付き合いください。

「解説」の解説をさせていただきたいのです。そのためには、著者である外山滋比古先生と私の関係について、少し説明が必要かと思います。

私は数年前まで、岩手県盛岡市のとある書店で働いていました。

在籍当時、2007年なので、もうだいぶ昔になってしまいますが、私は外山先生の著作『思考の整理学』（ちくま文庫）を売り出そうと、「もっと若い時に読んでいればよかった…そう思わずにはいられませんでした」という惹句を手書きのPOPにしたためました。

これが想定を超える売れ行きとなり全国へ飛び火。瞬く間にミリオンを記録したことで、様々なメディアの方から取材の依頼を受けました。以降『思考の整理学』は、毎年のように版を重ねています。

そしてこれは、通常はなかなか無いことだと出版社の方から伺ったのですが、外山先生ご自身から御礼という形で、東京へとご招待いただきました。先生が定宿とされている都内のホテルでの会食。初めてお会いした時、「高僧みたいな方だな」という印象を抱きました。

先生は当時、御年85歳。私は30歳でした。終始ニコニコと笑顔を絶やさず、50歳以上も下の私の話にも興味を示してくださり、疑問点があれば話が一段落したところで、「ところでコレは、こういう捉え方もできそうですね」と、次の会話の糸口を示してくださいました。夢のような時間である一方で、「ああ、『思考の整理学』を書いた方が本当に目の前にいるのだな」と、実感した瞬間でもありました。

お会いする機会は、とても残念なことにその一度きりとなってしまいましたが、私の記憶のなかで、その部屋の空気は確かに澄んでいて、その澄んだ空気の中心には先生がおられた。そして会話の最中、先生の思考が高く軽やかに飛行するのを、知識や型に囚われず自由に様々な場所へ行き来するのを、私は目の当たりにしました。時に曲技飛行のような遊び心も交えて。

いまここに居ながら、どこへでも行ける自分。想像は場所も時間も超える。そして想像とは思考から生まれるのですよね、先生！

「こうありたい」と強く思わせる目標の輪郭を、あの日、私は掴んだのだと思います。

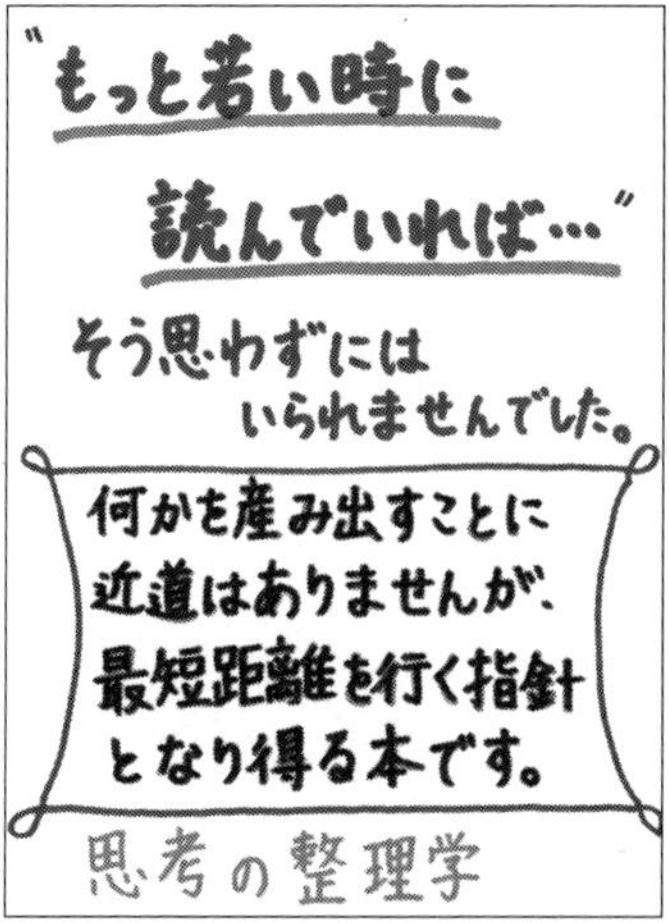

松本氏が作成した『思考の整理学』のPOP

時が経ち、外山先生と出会ったことがきっかけとなって新しい環境に身を投じる選択をしてほどなく、先生の訃報に触れました。今回、本書の解説の話をいただいて、先生の在り方に影響を受けた者として、生半可な解説では、先生に喜んでもらえないと思いました。想像する力。新しい切り口。そして少しのユーモア――。

本書の内容を踏まえたうえで、面白く、前例のない解説の形を、何か示せないだろうか？　私なりの一つの答えとして、「解説」という名の物語を創作するに至ったというわけです（「解説中解説」がすべて一字下がりなのは、そういった理由からでミスではありません）。

先生との邂逅を思い返すと、頭のなかで「In My Life」が流れます。冒頭の歌詞の和訳「一生忘れられない場所」。私にとってそれは、間違いなくあのホテルの一室。忘れてしまったこともあるけど、美化されてしまう記憶もあるけれど、決して忘れられない場所と時間。そこに結びついた大切な思い出です。

いつかまたお会いする時までに、先生に本書の解説を読んでおいていただけたら嬉しいです。

（まつもと・だいすけ　元書店員）

カバーデザイン
本文レイアウト
坂野公一＋吉田友美
(welle design)

カバー装画
市村譲

編集協力
松本大介

本書は二〇〇九年十二月に小社より刊行されました。

思考の整理学　外山滋比古
アイディアを軽やかに離陸させ、思考をのびのびと飛行させる方法を、広い視野とシャープな論理で知られる著者が、明快に提示する。

「読み」の整理学　外山滋比古
読み方には、既知を読むアルファ（おかゆ）読みと、未知を読むベータ（スルメ）読みがある。リーディングの新しい地平を開く目からウロコの一冊。

ライフワークの思想　外山滋比古
自分だけの時間を作ることは一番の精神的肥料になる、前進だけが人生ではない――。時間を生かして、ライフワークの花を咲かせる貴重な提案。

アイディアのレッスン　外山滋比古
しなやかな発想、思考を実生活に生かすには？　たんなる思いつきを〝使えるアイディア〟にする方法をお教えします。『思考の整理学』実践篇。

異本論　外山滋比古
表現は人に理解されるたびに変化する、それが異本である。読者は自由な読み方をしてよいのだ、著者の意図など考慮せずに。画期的な読者論。

空気の教育　外山滋比古
子どもを包む家庭や学校の空気こそ、最も深いところに作用する。押し付けや口先だけの注意では子どもに届かない。斬新な教育エッセイ。

おしゃべりの思想　外山滋比古
人前で話すのが上手な人はおしゃべりが多い？　しかしことばの使い方次第で人生が大きく変わることもある。あなたは話すことに自信がありますか？

伝達の整理学　外山滋比古
大事なのは、知識の詰め込みではない。思考をいかに伝達するかである。ＡＩに脅かされる現代人の知のあるべき姿を提言する、最新書き下ろしエッセイ。

質問力　齋藤孝
コミュニケーション上達の秘訣は質問力にあり！　これさえ磨けば、初対面の人からも深い話が引き出せる。話題の本の、待望の文庫化。（斎藤兆史）

段取り力　齋藤孝
仕事でも勉強でも、うまくいかない時は「段取りが悪かったのではないか」と思えば道が開かれる。段取り名人となるコツを伝授する！（池上彰）

コメント力　齋藤孝

オリジナリティのあるコメントを言えるかどうかで「おもしろい人」、「できる人」という評価が決まる。優れたコメントに学べ！

齋藤孝の速読塾　齋藤孝

二割読書法、キーワード探し、呼吸法から本の選び方まで著者が実践する「脳が活性化し理解力が高まる」夢の読書法を大公開！（水道橋博士）

仕事力　齋藤孝

「仕事力」をつけて自由になろう！　課題を小さく明確なことに落とし込み、2週間で集中して取り組めば、必ずできる人になる。（海老原嗣生）

前向き力　齋藤孝

「がんばっているのに、うまくいかない」あなた。ちょっと力を抜いて、くよくよ、ごちゃごちゃから抜け出すとすっきりうまくいきます。（名越康文）

ほめる力　齋藤孝

人をほめると、自分の人生が楽しくなる！　自己肯定力をあげるためのコミュニケーション・テクニック。（水野敬也）

現代語訳　文明論之概略　福澤諭吉　齋藤孝訳

「文明」の本質と時代の課題を、鋭い知性で捉え、巧みな文体で説く。福澤諭吉の最高傑作にして近代日本を代表する重要著作が現代語でよみがえる。

論語　齋藤孝訳

「学ぶ」ことを人生の軸とする。――読み直すほどに新しい東洋の大古典『論語』。読みやすい現代語訳に原文と書き下し文をあわせ収めた新定番。

学校って何だろう　苅谷剛彦

「なぜ勉強しなければいけないの？」「校則って必要なの？」等、これまでの常識を問いなおし、学ぶ意味を再び摑むための基本図書。（小山内美江子）

独学のすすめ　加藤秀俊

教育の混迷と意欲の喪失には出口が見えないが、IT技術は「独学」の可能性を広げている。「やる気」という視点から教育の原点に迫る。（竹内洋）

生きるかなしみ　山田太一編

人は誰でも心の底に、様々なかなしみを抱きながら生きている。「かなしみ」と真摯に直面し、人生の幅と厚みを増した先人達の諸相を読む。

新版 一生モノの勉強法 鎌田浩毅
京大人気No.1教授が長年実践している時間術、ツール術、読書術から人脈術まで、最適の戦略を余すところなく大公開。「人間力を磨く」学び方とは？

座右の古典 鎌田浩毅
読むほどに教養が身につく！ 古今東西の必読古典50冊を厳選し項目別に分かりやすく解説。京大人気教授が伝授する、忙しい現代人のための古典案内。

自分の仕事をつくる 西村佳哲
仕事をすることは会社に勤めること、ではない。仕事を「自分の仕事」にできた人たちに学ぶ、働き方のデザインの仕方とは。 （稲本喜則）

かかわり方のまなび方 西村佳哲
「仕事」の先には必ず人が居る。自分を人を十全に活かすこと。それが「いい仕事」につながる。その方策を探った働き方研究第三弾。 （向谷地生良）

自分をいかして生きる 西村佳哲
「いい仕事」には、その人の存在まるごと入ってるんじゃないか。『自分の仕事をつくる』から6年、長い手紙のような思考の記録。 （平川克美）

ひとの居場所をつくる 西村佳哲
これからの暮らしと仕事を、ただの我慢比べでなく、文化を生み出すものにするには？ 人と人、人と社会、人と自然の、関係性のデザイン考。 （寺尾紗穂）

増補新版 いま、地方で生きるということ 西村佳哲
どこで生きてゆくか、何をして生きてゆくか？ 自分の仕事や暮らしを、自分たちでつくる幸福論。8年後のインタビューを加えた決定版。

スタバではグランデを買え！ 吉本佳生
身近な生活で接するものやサービスの価格を、やさしい経済学で読み解く。「取引コスト」という概念で学ぶ、消費者のための経済学入門。 （西村喜良）

戦略読書日記 楠木建
『一勝九敗』から『日本永代蔵』まで。競争戦略の第一人者が自著を含む22冊の本との対話を通じて考えた戦略と経営の本質。 （出口治明）

仕事に生かす地頭力 細谷功
仕事とは何なのか？ 本当に考えるとはどういうことか？ ストーリー仕立てで地頭力の本質を学び、問題解決能力が自然に育つ本。 （海老原嗣生）

人生の教科書［よのなかのルール］　藤原和博　宮台真司

〝バカを伝染(うつ)さない〟ための「成熟社会へのパスポート」です。大人と子ども、お金と仕事、男と女と自殺のルールを考える。（重松清）

人生の教科書［人　間　関　係］　藤原和博

人間関係で一番大切なことは、相手に「！」を感じてもらうことだ。そのための、すぐに使えるヒントが詰まった一冊。（茂木健一郎）

人生の教科書［情報編集力をつける国語］　藤原和博／重松清／橋本治

コミュニケーションツールとしての日本語力＝情報編集力をつけるのが国語。重松清の小説と橋本治の古典で実践教科書を完成。（平田オリザ）

味方をふやす技術　藤原和博

他人とのつながりがなければ、生きてゆけない。でも味方をふやすためには、嫌われる覚悟も必要だ。ほんとうに豊かな人間関係を築くために！

必ず食える1％の人になる方法　藤原和博

「100人に1人」なら、無理しなくても誰でもなれる！　クリアすべき、たった7つの条件とは何か。文庫版特典は、キングコング西野亮廣氏との対談。

10年後、君に仕事はあるのか？　藤原和博

AIの登場、コロナの出現で仕事も生き方も激変する。小さなクレジット（信任）を積み重ねて、生き残る方法とは？　文庫版特典は、橘玲の書き下ろし。

本を読む人だけが手にするもの　藤原和博

これを読んだらもっと本が読みたくなる最強の読書論。厳選50冊も紹介。文庫版特典は、前田裕二のエッセイ。「人生の教科書」シリーズスタート！

35歳の教科書　藤原和博

「みんな一緒」から「それぞれ一人一人」になったこの時代、新しい大人になるため、生きるための自分だけの戦略をどうたてるのか？（古市憲寿）

45歳の教科書　藤原和博

「40代半ばの決断」が人生全体の充実度を決める。元気が湧いてくる人生戦略論。迷える世代に向けてのアドバイス。巻末に為末大氏との対談を附す。

55歳の教科書　藤原和博

人生は、後半こそが楽しい！　上り調子に坂を上る人生を歩むために50代までに何を準備すればいいのか、本当に必要なことを提案する。（森川亮）

子どものことを子どもにきく　杉山亮
著者が年に1回、息子にインタビューする。3歳から10歳に成長する子どもの世界観をとらえた新鮮な試み。意表をつく受け答えは驚きと笑いの連続。

父親になるということ　藤原和博
大人の常識を持ち込んで子供を犠牲にしていないか？　自問自答しながら「子供好きの大人」から「父親」になろうとした悪戦苦闘の記録。（宮台真司）

子は親を救うために「心の病」になる　高橋和巳
子は親が好きだからこそ「心の病」になり、親を救おうとしている。精神科医である著者が説く、親子という「生きづらさ」の原点とその解決法。

人は変われる　高橋和巳
人は大人になった後でこそ、自分を変えられる。多くの事例をあげ「運命を変えて、どう生きるか」を考察した名著、待望の文庫化。（中江有里）

消えたい　高橋和巳
自殺欲求を「消えたい」と表現する、親から虐待された人々。彼らの育ち方、その後の人生、苦しみを丁寧にたどり、人間の幸せの意味を考える。（橋本治）

傷を愛せるか　増補新版　宮地尚子
傷がそこにあることを認め、受け入れ、傷のまわりをそっとなぞること――。トラウマ研究の第一人者による深く沁みとおるエッセイ。（天童荒太）

こころの医者のフィールド・ノート　中沢正夫
こころの病に倒れた人と一緒に悲しみ、怒り、闘う医師がいる。病ではなく〝人〟のぬくもりをしみじみと描く感銘深い作品。（沢野ひとし）

加害者は変われるか？　信田さよ子
家庭という密室で、DVや虐待は起きる。「普通の人」がなぜ？　加害者を正面から見つめ分析し、再発を防ぐ考察につなげた、初めての本。（牟田和恵）

ひきこもりはなぜ「治る」のか？　斎藤環
「ひきこもり」研究の第一人者の著者が、ラカン、コフート等の精神分析理論でひきこもる人の精神病理を読み解き、家族の対応法を解説する。（井出草平）

「ひきこもり」救出マニュアル〈理論編〉　斎藤環
「ひきこもり」治療に詳しい著者が、Q&A方式で、ひきこもりとは何か、どう対応すべきかを示している。すべての関係者に贈る明日への処方箋。

「ひきこもり」救出マニュアル〈実践編〉　斎藤環
「ひきこもり」治療に詳しい著者が、具体的な疑問に答えた、本当に役に立つ処方箋。理論編に続く、実践編。参考文献、「文庫版　補足と解説」を付す。

承認をめぐる病　斎藤環
人に認められたい気持ちに過度にこだわると、さまざまな病理が露呈する。現代のカルチャーや事件から精神科医が「承認依存」を分析する。（土井隆義）

生き延びるためのラカン　斎藤環
幻想と現実が接近しているこの世界で、できるだけリアルに生き延びるためのラカン解説書にして精神分析入門書。カバー絵・荒木飛呂彦　（中島義道）

戦闘美少女の精神分析　斎藤環
ナウシカ、セーラームーン、綾波レイ……「戦う美少女」たちは、日本文化の何を象徴するのか。「おたく」「萌え」の心理的特性に迫る。（東浩紀）

キャラクター精神分析　斎藤環
ゆるキャラ、初音ミク、いじられキャラetc.。現代日本に氾濫する数々のキャラたち。その諸相を横断し、究極の定義を与えた画期的論考。（岡﨑乾二郎）

終わりなき日常を生きろ　宮台真司
「終わらない日常」と「さまよえる良心」――オウム事件直後出版の本書は、著者のその後の発言の根幹である。書き下ろしの長いあとがきを付す。

14歳からの社会学　宮台真司
「社会を分析する専門家」である著者が、社会の「本当のこと」を伝え、いかに生きるべきか、に正面から答えた。重松清、大道珠貴との対談を新たに付す。

逃走論　浅田彰
パラノ人間からスキゾ人間へ、住む文明から逃げる文明への大転換の中で、軽やかに〈知〉と戯れるためのマニュアル。

9条どうでしょう　内田樹／小田嶋隆／平川克美／町山智浩
「改憲論議」の閉塞状態を打ち破るには、「虎の尾を踏むのを恐れない」言葉の力が必要である。四人の書き手によるユニークな洞察が満載の憲法論！

武道的思考　内田樹
「いのちがけ」の事態を想定し、心身の感知能力を高める技法である武道には叡智が満ちている！　気持ちがシャキッとなる達見の武道論。（安田登）

世界がわかる宗教社会学入門　橋爪大三郎

宗教なんてうさんくさい⁉　でも宗教は文化や価値観の骨格であり、それゆえ紛争のタネにもなる。世界宗教のエッセンスがわかる充実の入門書。

ふしぎな社会　橋爪大三郎

第一人者が納得した言葉だけを集めて磨きあげた社会学の手引き書。人間の真実をぐいぐい開き、若い読者に贈る小さな（しかし最高の）入門書です。

ちぐはぐな身体《からだ》　鷲田清一

ファッションは、だらしなく着くずすことから始まる。中高生の制服の着崩し、コムデギャルソン、刺青等から身体論を語る。（永江朗）

ひとはなぜ服を着るのか　鷲田清一

ファッションやモードを素材として、アイデンティティや自分らしさの問題を現象学的視線で分析する。「鷲田ファッション学」のスタンダード・テキスト。

想像のレッスン　鷲田清一

「他者の未知の感受性にふれておろおろする」自分を曝けだしたかった、著者のアート（演劇、映画等）論。見ることの野性を甦らせる。（堀畑裕之）

人生を〈半分〉降りる　中島義道

哲学的に生きるには〈半隠遁〉というスタイルを貫くしかない。「清貧」とは異なるその意味と方法を、自身の体験を素材に解き明かす。（中野翠）

哲学の道場　中島義道

哲学は難解で危険なものだ。しかし、世の中にはこれを必要とする人たちがいる。――死の不条理への問いを中心に、哲学の神髄を伝える。（小浜逸郎）

映画は父を殺すためにある　島田裕巳

〝通過儀礼〟で映画を分析することで、隠されたメッセージを読み取ることができる。宗教学者が教える、ますます面白くなる映画の見方。（町山智浩）

なぜ日本人は戒名をつけるのか　島田裕巳

多くの人にとって実態のわかりにくい〈戒名〉。宗教と葬儀の第一人者が、奇妙な風習の背景にある日本仏教と日本人の特殊な関係に迫る。（水野和夫）

ハーメルンの笛吹き男　阿部謹也

「笛吹き男」伝説の裏に隠された謎はなにか？　十三世紀ヨーロッパの小さな村で起きた事件を手がかりに中世における「差別」を解明。（石牟礼道子）

ちくま文庫

忘却《ぼうきゃく》の整理《せいり》学《がく》

二〇二三年三月十日　第一刷発行
二〇二四年六月十五日　第二刷発行

著者　外山滋比古（とやま・しげひこ）
発行者　喜入冬子
発行所　株式会社　筑摩書房
東京都台東区蔵前二―五―三　〒一一一―八七五五
電話番号　〇三―五六八七―二六〇一（代表）
装幀者　安野光雅
印刷所　中央精版印刷株式会社
製本所　中央精版印刷株式会社

ISBN978-4-480-43870-6　C0195